독박육아

# 독박육아

오늘도 퇴근 없는 / 나 홀로 육아 전쟁

허백윤 지음

시공사

| 프롤로그 |

오늘도 독박육아에 허덕이는
대한민국의 모든 엄마들에게

매일 밤 곤히 잠든 아기의 얼굴을 보면 벅찬 감정이 밀려옵니다. 이렇게 예쁘고 사랑스러운 아이가 나를 엄마라 부르고 의지하며 하루하루 커갑니다. 내가 뭐라고 이런 큰 선물을 받고 사는지. 고마운 마음뿐입니다. 하지만 이 소중한 아기 때문에 저는 참 많이 울고, 속상했고 또 외로웠습니다. 기쁘고 행복하고 설레는 감정과 비례해 커져만 가는 우울함에 괴로웠습니다. 나는 왜 이런 엄마인가, 자책한 날도 많았습니다.

  육아가 뭔지 아무것도 모른 채로 엄마의 삶을 시작했기에 모든 것이 남들보다 더 힘들게 느껴졌던 것 같습니다. 결혼 전에는 이제 남녀평등의 시대가 된 만큼 여성들도 결혼과 출산에 구애받지 않고 당당히 일하는 세상, 집안일과 육아는 부부가 공평하게 분담하는 세상에 살고 있다고 믿었습니다. 일하는 딸, 며느리이니 아기를 낳으면 부모님들도 도와주시리라, 나라에서도 많은 지원을 해주리라 생각했습니다. 그렇게 세상이 변했다고 다들 말했으니까요.

하지만 현실은 제가 기대한 것과 달랐습니다. 이제 더 이상 대가족이 모여 살지도 않고, 부모님들도 당신들의 생활이 더 중요합니다. 마을에서는 내 아이의 존재를 모르는 사람이 더 많은 게 당연하고, 나라에서 해주는 건 얼마의 돈이 전부입니다. 그렇다고 엄마가 육아에만 전념할 수 있는 환경도 안 됩니다. 치솟는 집값, 생활비, 교육비……. 맞벌이를 하지 않으면 가정살림을 꾸리기 어려운 환경입니다.

'독박육아'란 홀로 '독(獨)' 자에 바가지를 의미하는 '박'자를 덧붙여 오로지 엄마 혼자 육아를 하게 되었다는 의미의 은어입니다. 처음 이 말을 육아 커뮤니티에서 접했을 때는 좀 거부감이 들기도 했습니다. 내가 내 아이를 키우는 것에 대한 표현치고는 과하다는 생각도 했습니다. 그럼에도 불구하고 이 말을 제 육아 경험에 대입한 이유는 저를 비롯해 지금 이 대한민국에서 아이를 키우며 살아가는 수많은 초보 엄마들이야말로 독박육아를 경험하고 있는 첫 세대라고 생각하기 때문입니다. 이 엄마들은 여권 신장의 수혜를 오롯이 받으며 자랐고, 열심히 공부해 좋은 대학, 좋은 직장에 가고 자아실현하는 것을 최고의 가치로 여기며 자란 첫 세대입니다. 그런데 갑자기 결혼과 함께 엄마로서의 삶에 접어드니 이전과는 모든 게 달라져 좌절하고 있는 세대이기도 합니다. 과거 대가족 시대에는 할

아버지, 할머니, 삼촌, 고모 등 다양한 가족들이 함께 생활하며 같이 아이를 키웠습니다. 또한 앞선 세대로부터 육아의 기술과 지혜를 전달받기 쉬운 환경이었습니다. 하지만 지금은 아이를 돌보는 것이 온전히 엄마만의 몫이 되었습니다. 또한 여성도 육아뿐만이 아니라 생계의 일부를 담당해야 합니다. 그러다 보니 현실에서 마주해야 하는 엄마로서의 삶은 대가족 시절의 그것보다도 더욱 팍팍하고 힘들어졌습니다. 이에 대한 지식과 대비가 전혀 없는 요즘 엄마들이 갑작스레 닥쳐온 현실을 이해하기도, 견뎌내기도 버거워진 것은 어찌 보면 당연한 일입니다.

그럼에도 불구하고 저는 이 '독박육아'가 결코 '아이 때문에 독박 썼다'는 의미의 부정적인 단어로 머물러 있지 않기를 바랍니다. 홀로 고군분투하며 외롭고 힘든 육아를 감내해야 했지만 그래도 이 자그마한 아이의 존재 덕분에 세상이 완전히 달라 보이는 것을 경험했기 때문입니다. 주로 혼자였기에 더 예민하게 세상을 보기도 했지만, 그래도 아이 덕분에 나 자신을 차근차근 되돌아볼 수 있었고, 부모와 가족, 직장 그리고 내가 살고 있는 이 사회를 새로운 시각으로 바라볼 수 있었습니다. 그래서 저는 '독박육아'가 '읽을 독(讀)' 자와 '넓을 박(博)' 자를 가진, 세상을 넓게 읽게 된 육아라는 뜻이라고도 생각합니다.

저는 이 책을 통해 단순히 아이의 존재가 버겁고 육아가 괴롭기만 하다고 말하고 싶지는 않았습니다. 누구나 알고 있는 육아의 행복 그리고 누구도 쉽게 말하지 못했던 육아의 어려움, 누구나 하는 평범한 일이지만 누구나 알지는 못하는, 엄마로서의 삶과 시각을 나누고 싶었습니다. 그리고 가장 중요한 한 가지, 소중한 우리 아이들을 키우기 위해 우리 사회에는 아직 달라져야 할 것이 너무 많다는 것을 이야기하고 싶었습니다. 그리고 아이를 키우는 것은 여전히 엄마만의 몫으로 남겨져 있지만 엄마들도 그저 평범한 사람이라는 것, 엄마도 엄마로서의 삶이 처음이라는 것, 그래서 서툴고 어려운 게 당연하다는 것을 말하고 싶었습니다. 그러니 우리 너무 죄책감 갖고 자신을 탓하지 말자고 응원도 하고 싶었고요. 우리가 만나는 사람들, 길에서 마주치는 사람들, 나아가 모든 사람들이 '더불어 아이를 키우는 마음'으로 산다면 얼마나 멋진 세상이 올까, 하는 조금 거창한 바람도 담았습니다.

2015년 3월 육아휴직에서 복직하면서 매주 목요일 서울신문 온라인을 통해 칼럼 '독박육아일기'를 연재했습니다. 이 책은 칼럼에 미처 다 담지 못했던 더 많은 이야기를 보태 함께 엮은 것입니다. 그해 11월 말까지 34회에 걸쳐 써내려간 칼럼이 게재될 때마다 이름도, 얼굴도 모르는 육아 동지, 선배 그리고 예비 엄마 아빠 들까지 아주 많은 분들께서 제게 위로와 공감의 메시지를 보내주셨고, 함께 울고 웃으며 힘을 보태주셨습니다. 이 책은 무엇보다도 그분들의 격려와 사랑 없이는 탄생할 수 없었을 것입니다. 이 자리를 빌러 깊이 감사드립니다.

  또한 이 책의 탄생과 함께 가족들에게 고마움을 전하고 싶습니다. 아이를 키워보니 부모의 마음이 어떤 것인지 비로소 이해하게 되었습니다. 특히 제게 무한한 사랑을 주신 부모님. 평생 그 사랑에 미치지 못하겠지만, 사랑합니다. 그리고 늘 응원해주는 남편에게도 고마움을 전합니다. 매일 밤 늦게 퇴근해 피곤한 몸으로 집안일을 마다하지 않는 이 남자는 때때로 자기를 흉보는 글조차 서슴지 않는 아내에게 칭찬과 격려를 아끼지 않았습니다. 마지막으로 2014년 1월 1일부터 제 인생을 송두리째 바꿔놓으며 저를 엄마로 자라게 해준 딸아이에게 이 세상 어떤 단어로도 표현할 수 없는 고마운 마음을 가득 담아 보냅니다. 부디 이 아이가 살아갈 세상이 지금보다는 더 나아지길 바라는 마음을 담아 모든 글을 적었습니다.

                              2016년, 아이와 함께하는 세 번째 봄에
                                                  허백윤

## contents

프롤로그 5

## 1장
## 눈물과 함께한,
## 엄마가 되는 길

왜 하필 지금이니? 17
먹는 입덧의 정체 21
그깟 자리 하나 27
여전히, 아직도 육아휴직은 특혜 33
설마 1월 1일은 아니겠지 41
산후조리원은 모유수유 훈련소 45
산모의 '삼시 세 끼' 52
"내 신경은 온통 모유였어" 60
수습 시절 선배보다 무서운 존재 66

말만 육아 분담  73
엄마들의 개미지옥, 육아 커뮤니티  77
백화점 커피 한 잔의 해방감  80
잠깐 아기 봐줄 사람 없는 서러움  87
만나기도 힘들고, 만나도 어려운 육아 전문가  94
초보 엄마에게 꼭 필요한 한 가지  100
아기 몸무게는 엄마의 육아 성적표  103
엄마의 결정권  110

2장
나는 일하는
엄마이고 싶다

내 새끼 남한테 맡기고 일하는 이유  121
왜 친정엄마가 안 봐줘요?  125
현대판 오복  130
첫인상으로 좋은 이모님 찾기  138
잘하는 것도 없이 모두에게 미안한 삶  144
밤 11시, 분노의 설거지  150
오늘 하루도 끝까지 버텨  155
엄마의 사춘기  159
왜 더 치열하게 살지 못했을까?  163
아이 손에 뽀로로 쥐여준 엄마의 반성문  168
일하는 엄마의 죄책감  176
모성애가 부족한 엄마, 나쁜 엄마일까?  182

## 3장
## 엄마가 되어
엄마를 생각한다

절대 물어서는 안 될 '좋은 소식' 191

아들 하나 더 낳아야겠네 200

연예인 만삭 화보는 그저 꿈 207

노 키즈 존에 대한 단상 216

육아에도 티타임이 필요해 222

어린이집 사고가 전업맘 때문이었을까? 227

엄마의 눈으로 본 저출산 대책 233

10년 뒤, 30년 뒤에는 달라져 있을까? 242

4개국 엄마들의 독박육아 246

세월호 참사가 초보 엄마에게 가르쳐준 것 263

엄마들은 왜 찌라시를 퍼다 날랐나? 270

아이가 내게 준 선물 277

엄마가 되어 엄마를 생각한다 285

에필로그 292
주 296

1장

# 눈물과 함께한, 엄마가 되는 길

### 왜 하필 지금이니?

모든 것이 계획과는 거리가 멀었다. 애초에 철저히 계획을 세워 살아오지도, 인생이 계획한 대로 흘러가리라 기대하지도 않았지만 그래도 좀 심했다. 어느 날 퇴근하고 집에 들어가자 부모님이 대뜸 이민을 떠나겠다고 선언하셨다. 갓 기자 생활을 시작한 나와 회사원이던 동생은 내버려두고 중학생인 막내만 데리고 말이다. 곧이어 회사원 동생도 함께 이민을 가겠다는 결심을 했고, 그렇게 나를 제외한 온 가족이 짐을 싸서 박스에 담고 비행기에 몸을 싣기까지 석 달이 채 안 걸렸다. 나는 혼자 남겨졌다.

실컷 놀고 즐기다가 서른을 훨씬 넘겨, 되도록 늦게 결혼을 하겠다는 결심도 무너졌다. 나를 좋아해주고 힘들 때 위로해주는 자상하고 나이 많은 남자 친구에게 "서른 살이 넘을 때까지 기다려"라고 할 수 없었다. 그렇게 애초의 결심보다 무려 2년이나 빠른 스물

여덟 살 여름, 가장 바쁘고 정신없을 때 결혼을 했다.

나는 저체중으로 태어나 인큐베이터에 며칠 머물러야 했고 태어난 지 보름 만에 폐렴이 걸린 신생아였다. 1~2년 남짓 엄마와 아빠가 핏덩이를 안고 시내의 아동 병원을 출퇴근하듯이 오가며 마음 졸이고 힘들이며 나를 키우셨단다. 다행히 어릴 때 병치레를 몰아서 한 덕분인지 자라면서는 크게 아픈 적도, 병원에 입원한 일도 한 번 없었다. 아프다는 핑계를 대고 학교를 빠진 적도, 회사를 조퇴한 적도 없었다. 타사 기자 선배들과 '뻗치기(취재 대상을 무작정 기다리는 행위)'를 하면서 "딱 사흘만 병원에 입원해서 쉬고 싶다"는 농담을 하기도 했다. 농담이 과했던 탓일까, 어느 날 몸이 이상했다. 그리고 종합병원을 찾은 그날부터 나는 다시 아픈 사람이 되었다. 가족들이 떠난 지 겨우 1년여 만의 일이었다. 그 뒤로 4년 동안 수술을 세 번, 입원을 다섯 번 했다. 매일 아침 눈을 뜨자마자 약을 먹어야 하고, 앞으로도 평생 약을 먹으며 살아야 하는 사람이 되었다.

이런 내게 임신은 먼 이야기일 수밖에 없었다. 당장 생명이 위중한 것은 아니었지만 빠르게 반복되는 수술과 치료에 마음이 무거웠다. 두 번째 수술을 한 뒤 가장 친한 친구의 아들 돌잔치에서 아기 성장 동영상을 보며 나도 모르게 눈물을 쏟았다. 정말 예쁘고 사랑스러운 친구 가족의 모습을 보며 나도 저런 행복을 느낄 수 있을까 생각했다. 눈물을 들키지 않으려 재빨리 닦아내느라 얼마나 애를 먹었는지. 그렇다고 당장 아기가 간절하게 갖고 싶은 건 아니었다. 그냥 막연한 불안감이 있었을 뿐 빨리 엄마가 되고 싶다는 생각은 별로 해본 적이 없었다.

그런데 몇 달도 안 돼 아기가 생겼다. 방사성물질이 담긴 약을 먹는 치료를 받은 지 두 달 만이었다. 병원에서는 치료 후 최소 여섯 달 동안은 아기를 갖지 말라고 조언했다. 그래서 누군가가 임신 계획을 물으면 "내년 지나서 생각할래요"라고 대답하곤 했다. 그런 내게 이렇게 일찍 아기가 찾아올 줄은 꿈에도 몰랐다.

첫마디는 "어떡해"였다. "왜 하필 지금이니?" 하는 원망도 있었다. 임신 테스트기에 빨간색 두 줄이 보이자 '헉' 소리가 났다. 기쁨보다는 큰일 났다는 생각에 더 가까웠다. 남편에게 차마 말로 이 소식을 전할 수 없어 임신 테스트기를 사진으로 찍어 보냈다. 문자메시지를 본 남편은 눈이 휘둥그레졌고 나는 남편을 있는 대로 쩌려봤다. 그게 우리가 부모가 된 최초의 순간이었다.

며칠 전 꿈에서 눈이 부시도록 아름다운 노란색 뱀이 안방 한가운데를 떡하니 차지하고 똬리를 틀고 있는 것을 보았다. 레몬색과 황금색, 개나리색 등이 섞여 단순히 '노란색'이라 표현하기에는 턱없이 부족한, 참으로 아름다운 색깔의 뱀이었다. 그런데 나는 그 커다란 침입자가 무서워 황급히 방을 빠져나왔다. 그러면서도 자꾸만 그 아름다운 뱀이 보고 싶어 문틈 사이로 빼꼼히 들여다봤다. 두려움과 경이로움이 뒤섞인 감정들이 꿈에서 깬 뒤에도 생생했다. 곧 그 꿈이 아기를 암시한다는 것을 직감했다.

드라마 속 여배우들은 자신의 임신 사실을 모르고 있다가 가족들이 모인 식사 자리에서 구역질을 하며 뒤늦게 병원을 찾곤 하던데, 현실 속 나는 정반대였다. 아기가 왔다는 느낌이 그 누구보다도 내게 먼저 왔다. 평소 비교적 일정한 생리 주기도 정확히 기억하지 못하고, 지난달 생리일조차 까먹는 덜렁이가 이때만큼은 무언가 이상하다는 느낌이 들었다. '해야 할 것'을 안 하는 일주일을 조마조마한 마음으로 지내다가 결국 임신 테스트기를 샀고, 빼도 박도 못하도록 진한 두 줄을 보고 내 직감이 틀리지 않았음을 확인했다. 그 길로 산부인과에 갔더니 벌써 임신 6주가 다 되어 있었다.

## 먹는 입덧의 정체

아기가 찾아왔다는 느낌은 정확했지만 임신에 대해서는 모르는 것 투성이었다. 몸에 또 다른 생명을 품는다는 것이 곧 '힘들다'는 말과 직결될 줄이야. 임신을 확인하자 마치 기다렸다는 듯 속이 울렁거렸다. 열 달 내내 구토를 하거나 물도 제대로 못 마시는 입덧에 시달리는 임신부들에 비하면 나는 그나마 복 받은 경우였다. 밖으로 빼낸 적은 한 번도 없었으니 말이다. 오히려 속을 채워야 하는 입덧이었다. 이름도 생소한 '먹는 입덧.' 그렇게 진단을 받은 건 아니지만 그렇다고 믿었다.

    배가 고프면 속이 쓰려 견딜 수가 없었다. 자다가도 속이 쓰려 한밤중에 일어나 맨밥을 퍼먹었다. 임신 전에는 아침 식사로 삼겹살을 마다하지 않을 만큼 고기를 좋아했는데 임신 후에는 웬일인지 고기는 한 조각도 넘길 수 없었다. 한정식집에 갔을 때에는 한 상

임신을 확인하자 마치 기다리던 것처럼 속이 울렁거렸다.
이름도 생소한 '먹는 입덧.'
그렇게 진단을 받은 건 아니지만 그렇다고 믿었다.

가득 차려진 반찬들 중에서 먹을 수 있는 게 거의 없었다.

종일 느끼한 속을 부여잡고 있으니 얼큰한 라면이 그렇게 당겼다. 배 속에 콩알보다 작은 생명체가 있으니 라면 같은 건 안 먹는 게 좋겠다고 머리로는 생각하면서 어느새 손으로는 라면 봉지를 뜯고 있었다. 한동안 일하다 말고 매점에 내려가 작은 컵라면을 사먹으며 속을 달랬다. 빈속에 라면이 얼마나 안 좋을지 뻔히 알았지만 라면이라도 들이붓지 않으면 안 되었다. 먹고 나면 죄책감이 밀려왔지만 국물을 후루룩 들이키는 그 순간만큼은 속이 편했다. 먹지 말아야 한다고 생각하는 것들은 되레 더 간절히 먹고 싶었다.

평소 중독에 가까울 만큼 좋아하던 커피는 늘 내 인내심을 시험했다. 매일 아침 사무실 가득 커피 향이 퍼지면 가뜩이나 느글거리는 속을 달래줄 것만 같은 커피 한 모금이 더할 나위 없이 간절해지곤 했다. 하루는 도저히 견딜 수가 없어 믹스 커피를 탄 다음 커피가 담긴 종이컵에 코를 갖다 대고 냄새만 들이켰다.

12주가 되자 거짓말처럼 울렁거림과 속 쓰림이 잦아들었다. 그리고 먹는 입덧이 진가를 드러내기 시작했다. 폭풍 식욕이 밀려왔다. 살찌는 걱정 없이 먹고 싶은 것을 실컷 먹을 수 있어 즐거웠고 그 결과 임신 막달에는 몸무게가 무려 20킬로그램이나 늘었다. 하루는 남편이 열심히 밥을 먹던 내 얼굴을 빤히 바라보며 "임신해서 정말 좋지?"라고 묻기도 했다. 아무 걱정 없이 우걱우걱 밥을 먹던 내 모습이 그렇게 행복해 보였단다.

그러나 내게 밥을 먹는 것은 여전히 곤혹스러운 일이었다. 임신 중이니 평소보다 잘 먹어야 했지만 그러기가 쉽지 않았기 때문이다. 아침은 출근하느라 빵이나 김밥으로 겨우 때웠고, 점심은 회사 주변에서 먹으니 그나마 괜찮았다. 조미료 듬뿍 든 바깥 음식이어도 맛있으면 그만이었다. 저녁 식사가 늘 골치였다. 남편의 늦은 퇴근으로 항상 혼자였던 내게 매일 무언가를 '제대로' 챙겨 먹어야 한다는 사실 자체가 엄청난 스트레스였다. 퇴근 후 집에 들어오면 늘 밤 9시 언저리였는데 그 시간에 요리를 해 제대로 된 식사를 하는 일이 쉽지 않았다.

먹고 싶은 게 생겨도 같이 먹어줄 사람이 없었다. 한겨울 딸기나 먼 지방 특산품처럼 까다로운 먹을 것 타령이 아니었다. 그저 집 앞에서 파는 국밥 한 그릇조차 같이 먹어줄 사람이 없었다. 처음에는 식당에서 혼자 밥 먹는 일이 어색해 집으로 포장을 해와서 먹었다. 초기에는 콩나물국밥에 꽂혀 4인분을 포장해와 사흘 동안 아침과 저녁을 해결했고, 설렁탕이나 순대국 같은 것들을 항상 사들고 왔다. 나중에 배가 눈에 띄게 불렀을 때는 그냥 식당에 혼자 앉아 먹었다. '나는 누가 봐도 임신부니까 먹고 싶은 것을 잘 먹어야 한다'고 생각하며 얼굴에 철판을 깔기로 했다. 나를 신경 쓰는 사람은 아무도 없겠지만, 혹시 있다 한들 임신부이니 이상하게 생각하지는 않을 거라 생각했다. 어느덧 아무 때나 혼자 식당에 들어가 짬뽕 한 그릇을 해치우거나 국밥을 후루룩 말아 먹는 것 정도는 거뜬히 할 수 있게 됐다.

  사실 가장 먹고 싶은 것은 친정엄마가 해주는 밥이었다. 임신을 한 뒤 밤마다 꿈에서 친정엄마를 만났다. 해외에 있는 친정집을 가게 돼 기뻐하는 꿈을 꾸고 깨서는 늘 아쉬워했다. 하루는 엄마와 함께 마트에 가서 "엄마, 나 고구마 먹고 싶어"라고 했더니 엄마가 곧바로 "얼른 사"라고 해주었다. 엄마에게 고구마를 먹고 싶다고 말할 수 있다는 그 자체가 행복했다. 너무 행복해서 꿈에서 깬 뒤에도 그 장면을 생각하며 며칠을 울었다. 그깟 고구마, 내 돈으로도 얼마든지 사 먹을 수 있었지만 내게 필요한 것은 엄마의 보살핌이었다. 고구마뿐만이 아니었다. 엄마가 담근 김치, 엄마가 무쳐준 나물, 엄마표 잡채. 요리를 막 마친 뒤 김이 모락모락 나는 엄마의 반찬을 호호 불며 집어먹던 때가 너무도 그리웠다. 손으로 그만 좀 집어먹으라고 혼이 날 때까지 먹던 따끈따끈한 엄마의 음식이 정말 먹고 싶었다.

  먹는 것만큼 괴로웠던 것이 바로 잠이었다. 임신 초기에는 쉴 새 없이 졸렸고 후기로 갈수록 몸이 불편해서 밤잠을 제대로 못 잤다. 열 달 내내 졸음과 사투를 벌인 기분이었다. 그런데 번번이 졌다. 원래도 잠이 많긴 했다. 그런데 아기를 가진 뒤 몰아치는 잠은 어마어마했다. 특히 사무실에서 일을 하는 동안에도 걷잡을 수 없이 잠이 쏟아졌다. 너무 졸려서 내가 졸고 있다는 사실을 인지하기도 전에 고개를 꾸벅거리기 일쑤였다. 휴식 공간이 마땅히 없어 지하 주차장에 세워둔 차 뒷좌석에 몸을 포개 20~30분 동안 잠을 자기도 했다. 여름에 차 속에서 잠깐 눈을 부쳤다가 정신을 차리고 나면 사우나를 한 것처럼 온몸이 땀범벅이 되어 있었다.

그럴 때 가장 만만한 곳이 바로 화장실 변기 위였다. 회사를 다니던 막달까지 거의 매일 화장실 변기 위에 걸터앉아 고개를 숙이고 쪽잠을 청했다. 비데가 설치된 화장실은 변기 뚜껑이 평평하지 않고 받치는 힘도 약하다. 그래도 그 위에 대충 엉덩이를 걸치고 앉아 칸막이벽에 머리를 댔다. 그렇게라도 10분 남짓 눈을 감고 있으면 조금 살 만했다. 나중에 돈이 많이 생기면 회사들이 많이 몰려 있는 광화문 한복판에 임신부들을 위한 수면 카페를 하나 차려야겠다는 다짐을 하기도 했다.

## 그깟 자리 하나

 시간이 흐를수록 체중과 호르몬의 갑작스러운 변화로 점점 내 몸이 내 것 같지 않았다. 불과 8~9개월 사이에 몸무게가 10킬로그램 이상 늘고, 그것도 배만 불룩하게 나오니 허리, 엉덩이, 다리까지 아프지 않은 곳이 없었다. 손발이 퉁퉁 붓고 머리는 괜히 시도 때도 없이 어지러웠다. 특히 배가 불러오면서 눈에 띄게 몸이 힘들었다. 임신 6개월쯤 되면서부터 본격적으로 몸이 달라지는 것을 느꼈다. 허리가 아파서 오랫동안 앉아 있는 것도, 서 있는 것도 괴로웠다. 다리가 부어 자다가 쥐가 나 소리를 지르며 깬 날이 수두룩했다. 아기가 본격적으로 태동을 시작하면서는 하도 배가 꿀렁꿀렁 움직여 사무실 책상에 닿는 배 부분이 아플 정도였다. 컴퓨터를 할 때는 팔을 쭉 뻗어 키보드를 두드려야 했고 운전은 더 이상 못하게 됐다.
 출산이 가까워질수록 배에서 아기가 튀어나올 것만 같은 태동이 이어졌다. 8개월부터는 밤에 잠을 자는 것도 어려웠다. 허리에 온 체중이 실리다 보니 반듯하게 누워서 잘 수 없었고, 옆으로 자는 것도 무게가 한쪽으로만 쏠려 편치 않았다. 수시로 잠에서 깼다. 자다가 시도 때도 없이 화장실에 가는 것은 일찌감치 익숙해졌다.

임신 초반에만 잠깐 운전을 하고 이후 계속 대중교통으로 출퇴근을 했다. 임신 전에는 버스나 지하철에 있는 임신부 배려석 표시를 봐도 크게 느껴지는 게 없었다. 임신부에게 자리를 양보하라는 캠페인을 접해도 와 닿지 않았고, '그렇게 힘들면 차를 타고 다니면 되지'라고 생각했다.

그런데 임신부는 차를 안 타는 게 아니라 못 타는 것이라는 사실을 알았다. 운전을 하면 앉아 있을 수는 있지만 스트레스를 많이 받는다. 게다가 운전은 나 혼자 조심한다고 안전한 게 아니니 운전하는 내내 긴장을 해야 한다. 하루는 창문을 열고 운전하다가 앞차의 담배 연기에 시달려야 했다. 담뱃재라도 튈까 봐 아찔한 순간들도 많았다. 이렇게 노심초사하며 운전하느니 차라리 대중교통을 이용하는 쪽이 마음은 편했다. 그런데 지하철, 버스에서 항상 서서 가다 보니 1시간 남짓한 출퇴근 시간이 너무 길게만 느껴졌다. 평범했던 출퇴근길이 매 순간 도전이 됐다.

아기가 태어난 후 또래 아기 엄마들과 대화를 나누다 보면 임신했을 때의 서러움이 쏟아진다. 대표적인 주제는 단연 '지하철에서 얼마나 양보를 받아봤느냐'다. 잊히지도 않는 그 기억들을 털어내다 보면 모두가 사정이 비슷했다는 것을 금방 알게 된다. 20주쯤이었나, 처음으로 지하철에서 자리를 양보받았다. 너무 감격스러워 자리를 양보해준 젊은 남자에게 고맙다는 말을 연신 내뱉었다. 곧바로 SNS에 기록을 남기기까지 했다. 이후 아기를 낳기 전까지 누군가에게 자리를 양보받은 것이 열 손가락 안에 든다. 특히 10분도 서 있기 힘들었던 만삭일 때는 하필 겨울이라 외투를 입고 머플러를 하면 배가 감쪽같이 가려졌다. 그 때문에 만삭임에도 불구하고 배가 덜 나왔을 때보다 자리에 앉지 못했다.

　버스와 지하철에 타면 다리가 후들거리고 머리는 핑 돌았다. 바닥에 주저앉고 싶을 만큼 진땀이 났다. 처음에는 노약자석에 앉기가 민망해 일반석 쪽에 서 있었다. 그런데 멀쩡히 앉아 있는 사람들에게 배를 내밀며 일어나라고 시위를 하는 못된 임신부가 된 기분이었다. 결국 나중에는 지하철 문이 열리면 곧바로 노약자석으로 갔다. 사실 어르신들 틈에 몸을 좁히고 앉는 것도 그리 마음 편한 일은 아니었다. 누군가가 "왜 여기에 앉아 있느냐"고 물어보면 어떡하지, 하고 잔뜩 긴장하면서 마음속으로 "저 임신했어요"라는 말이 바로 나올 수 있도록 연습하기도 했다.

　하지만 정작 실전에서는 연습한 말이 잘 나오지 않았다. 11월 어느 출근길 노약자석에 앉아 깜빡 잠이 들었다. 갑자기 누군가가 나를 툭툭 쳐서 깨웠다. 화려한 옷차림을 한 중년 여성이었는데 남편이 다리가 아프니 내게 일어나라고 했다. 허겁지겁 일어나 반대편

누군가에게 앉아도 그만, 안 앉아도 그만인
그깟 자리 하나가 임신부들에게는 반드시 필요한,
간절한 자리였던 것이다.

문 쪽에 몸을 기대어 내가 앉았던 쪽을 돌아봤다. 내 자리에 앉은 분 발목에 감긴 붕대가 보였다. 다리를 다쳐 많이 불편한 분인 것 같았다. 당장 몇십 분 서서 가지 못할 만큼 힘든 상황은 아니었지만 그래도 왠지 서러웠다.

  임신을 하고 나서야 왜 그렇게 임신부들에게 자리 양보를 하라고 하는지 알게 되었다. 누군가에게는 앉아도 그만, 안 앉아도 그만인 그깟 자리 하나가 임신부들에게는 반드시 필요한, 간절한 자리였던 것이다.
  내 경험으로는 자리 양보에 가장 인색한 층은 10대 후반~20대 초반의 여성들이었다. 임신에 대해 아무것도 모르고 알고 싶지도 않은 나이여서 그랬을 것이다. 나 역시 그랬으니까. 사실 배가 나온 듯한 여성이 서 있으면 임신부인지 아닌지 헷갈리기도 하고, 공연히 실례를 하는 것은 아닌지 걱정도 되어 그걸 핑계 삼아 자리에서 일어나지 않게 된다. 하지만 그런 내 무지와 무관심에 수많은 임신 선배들이 얼마나 상처를 받았을까 생각하니 뒤늦게 후회가 됐다. 그다음으로 자리 양보를 잘 안 해주는 층은 40~50대 아주머니들이었다. '당신들도 다 겪어 임신부의 상황을 잘 알 텐데 왜 양보를 안 해줄까?' 하고 더 서운한 마음이 들었다. '당신들 딸이 배부른 몸이었다면 서 있게 내버려둘까?' 하는 생각도 했다. 이렇게 원망이 커지는 날은 그냥 문 쪽에 서서 가는 것이 마음이 편했다.

최근 지하철 임신부 배려석 디자인이 눈에 더 잘 띄는 진분홍색으로 바뀌었다. 하지만 상황은 크게 달라지지 않은 것 같다. 여전히 남녀노소 누구나 임신부 배려석에 거리낌 없이 앉는다. "임신부를 배려하는 자리이지 임신부 '지정석'은 아니지 않느냐?", "임신부가 얼마나 된다고 그 자리를 꼭 비워둬야 하느냐?"는 반문들도 적지 않다. 앞으로도 꽤 오랫동안 임신부들의 대중교통 이용은 험난한 도전으로 남아 있을 것 같다.

## 여전히, 아직도 육아휴직은 특혜

커피 한 잔, 과자 몇 조각에도 '임신부가 그걸 먹어도 되느냐'며 걱정 어린 말을 보태던 사람들이 정작 어떤 때에는 뭐라 설명할 수 없는 복잡한 시선을 보내기도 한다. 직장 상사나 동료들에 대한 말이다. 회사에 임신 사실을 알리려면 여러 가지로 마음이 복잡해진다. "저 임신했어요"라고 말하는 순간 상사의 머릿속에는 '앞으로 이 직원이 얼마나 더 일할 수 있을까?', '빈 자리는 어떻게 채워야 할까?' 등의 계산이 먼저 떠오를 것임을, 불보듯 뻔히 알기 때문이다.

그나마 나는 언론사에서 정규직으로 일하다 보니 사정이 나은 편이었다. 아이를 둘 키우신 엄마이기도 했던 당시 부장님은 잔뜩 주눅 들어 조심스럽게 말을 꺼낸 내게 "축하한다"며 기뻐해주셨다.

하지만 여전히 아주 많은 회사에서 출산휴가와 육아휴직은 산모의 당연한 권리라기보다는 회사에 '민폐'를 끼치는 일로 인식된다.

휴직에 들어가기 전까지 제 몫을 더 많이 해내야만 복직한 뒤 무탈할 것이라는 무언의 압박을 많은 임신부들이 받는다. 출산휴가 3개월과 육아휴직 1년을 합친 '1년 3개월'의 기간은 이처럼 임신부들에게 불안감 가득한 시간이다.

우리 회사만 하더라도 불과 얼마 전까지 출산 후 1년 3개월 꽉 채워 휴직한 예가 거의 없었다. 그러다가 어느 한 명이 육아휴직 1년을 신청했더니 누군가가 "이제 아무개는 회사에 안 돌아오겠구나"라고 했다. 육아휴직을 1년 쓴다는 것을 마치 뭔가 크게 잘못된 행동처럼 여기는 분위기였다. 상황이 이렇다 보니 나 역시 육아휴직을 얼마나 오래 써야 할지 고민하지 않을 수 없었다. 분위기상 주어진 휴직 기간을 다 쓰면 안 될 것 같았다. 그래서 처음에는 6개월만 육아휴직을 사용하고 돌아와야겠다고 생각했다. 육아휴직은 최대 1년의 기간을 한 번 나눠서 사용할 수 있기 때문에 출산휴가 3개월을 합쳐 아기가 9개월이 될 때까지 휴직을 한 뒤 아이가 초등학교에 들어가면 남은 6개월을 사용하겠다는 야심 찬 계획이었다. 그러자 몇몇 후배들이 "선배가 육아휴직을 다 써줘야 우리도 쓸 수 있다"며 눈치 보지 말고 당당하게 휴직을 누리는 선례가 되어 달란다. 옳은 말이었지만 그래도 쉽지 않은 결정이었다.

아기 봐줄 사람이 전혀 없다는 핑계로 1년 육아휴직 계획을 제출하면서도 나는 상사에게 "일단 1년 신청하는데 상황 봐서 그 전에 돌아오든가 할게요"라는 구차한 사족을 달았다. 정말 눈치가 보였다. 결국 1년 3개월간 휴직 후 복직했지만 마음은 편치 않았다.

  2015년 한국의 육아휴직자는 8만 7,339명이었다고 한다. 2012년(2만 3,270명)에 비해 36퍼센트나 늘어난 수치다. 그런데 주로 출산과 육아를 많이 하는 연령대로 꼽히는 30~39세 여성의 경제활동인구가 221만 2,000명이다. 육아휴직을 실제로 이용하는 사람이 그만큼 적다는 이야기다. 그나마 이 8만 7,339명도 남성과 여성을 합친 수치다(남성 육아휴직자는 이 가운데 5.5퍼센트밖에 안 되지만 말이다).[1]

### 임신이 곧 퇴직인 현실

임신을 하면서 본격적으로 찾아보기 시작한 임신과 출산, 육아 관련 인터넷 커뮤니티에는 내가 접한 것보다 훨씬 냉정하고 혹독한 현실을 알려주는 이야기들이 정말 많았다. 임신이 곧 퇴사를 의미하는 일터가 너무 많았다. 육아휴직을 허락해주지 않는 경우도 허다했다.

  임신했다고 회사에서 잘리지 않으면 감사한 일이었다. 그래서 출산휴가 3개월만 쓰고 젖먹이를 떼어놓고 복직하는 엄마들도 정말 많았다. 권고사직은 흔한 일이었다. 출산휴가급여와 실업급여를 맞바꿔야 하는 기이한 협상을 강요받기도 했다. 육아휴직을 이유로 해고를 하거나 불리한 처우를 하는 사업주는 3년 이하의 징역 또는 2,000만 원의 벌금에 처한다는 법 규정도 있다. 하지만 육아 커뮤니티에서는 법의 그물망에 걸리지 않은 갖가지 사연들이 하루가 멀다 하고 쏟아져 나온다.

근로기준법에는 엄연히 임산부를 보호하기 위한 제도가 마련돼 있다. 그러나 이는 여전히 현실과 거리가 있다. 2015년 고용노동부의 '일·가정 양립 실태 조사' 결과 육아휴직 제도가 있는 사업체의 비율은 전체 사업체의 절반을 겨우 넘긴 58.2퍼센트였다. 규모별로도 큰 차이를 보였는데 300인 이상의 대기업은 90퍼센트로 대부분을 차지했지만 100~299인 기업은 85.4퍼센트, 30~99인 기업은 74.1퍼센트로 다소 줄어든다. 10~29인 사업체는 51.8퍼센트, 5~9인 사업체는 27.4퍼센트에 불과했다.[2] 그나마 통계에 잡힌 것이 이 정도다. 임신부라는 이유로 감내해야 하는 직장 내에서의 차별과 눈치, 부당한 대우는 수치화되지도 않는다.

근로기준법 제74조에는 임신부들이 가장 조심해야 하는 12주 이내와 36주 이후에 1일 2시간 근로시간을 단축할 수 있는 규정까지 명시돼 있다. 또 제74조의 2는 산부인과 정기 검진 시간을 업무 시간에 포함되는 것으로 규정했고, 제75조에서는 유급 수유 시간까지 보장했다. 제도만 보면 모성보호에 꽤 선진적이라고도 할 수 있다. 그런데 문제는 이 글을 쓰는 나조차도 아기를 낳은 지 2년도 훨씬 지나서야 이런 조항들이 존재한다는 사실을 알게 되었다는 점이다. 직장 생활을 하는 예비 엄마들에게는 법 조항보다 함께 일하는 동료와 상사들의 인식, 일터의 분위기가 피부에 더 와 닿게 마련이다. 아무리 좋은 법이 있다 한들 "저 임신했으니 2시간 적게 일할게요"라고 당당하게 말할 수 있는 환경이 되지 못하면 법은 무용지물이 될 수밖에 없다.

제74조 5항과 같이 임신부의 시간외근무를 금하는 법이 있더라도 "옛날에는 다 했다. 임신 중에 야근한다고 큰일 나냐"는 식의 잔소리가 쫓아오면 눈치를 보지 않을 수 없다. 게다가 이런 일들이 벌어지는 직장이 특별히 악덕하기로 소문난 기업이라거나 아주 예외적으로 막돼먹은 상사들이 있는 곳도 아니다. 그러니 가뜩이나 힘든 예비 엄마들의 마음은 더 작아질 수밖에 없다.

▶ 근로기준법 제74조(임산부의 보호)
① 사용자는 임신 중의 여성에게 출산 전과 출산 후를 통하여 90일(한 번에 둘 이상 자녀를 임신한 경우에는 120일)의 출산전후휴가를 주어야 한다. 이 경우 휴가 기간의 배정은 출산 후에 45일(한 번에 둘 이상 자녀를 임신한 경우에는 60일) 이상이 되어야 한다.
② 사용자는 임신 중인 여성 근로자가 유산의 경험 등으로 휴가를 청구하는 경우 출산 전 어느 때라도 휴가를 나누어 사용할 수 있도록 하여야 한다. 이 경우 출산 후의 휴가 기간은 연속하여 45일(한 번에 둘 이상 자녀를 임신한 경우에는 60일) 이상이 되어야 한다.
③ 사용자는 임신 중인 여성이 유산 또는 사산한 경우로서 그 근로자가 청구하면 대통령령으로 정하는 바에 따라 유산·사산휴가를 주어야 한다. 다만, 인공 임신 중절 수술에 따른 유산의 경우는 제외된다.

④ 제1항부터 제3항까지의 규정에 따른 휴가 중 최초 60일(한 번에 둘 이상 자녀를 임신한 경우에는 75일)은 유급으로 한다.
⑤ 사용자는 임신 중의 여성 근로자에게 시간외근로를 하게 하여서는 아니 되며, 그 근로자의 요구가 있는 경우에는 쉬운 종류의 근로로 전환하여야 한다.
⑥ 사업주는 출산전후휴가가 종료 후에는 휴가 전과 동일한 업무 또는 동등한 수준의 임금을 지급하는 직무에 복귀시켜야 한다.
⑦ 사용자는 임신 후 12주 이내 또는 36주 이후에 있는 여성 근로자가 1일 2시간의 근로시간 단축을 신청하는 경우 이를 허용하여야 한다. 다만, 1일 근로시간이 8시간 미만인 근로자에 대하여는 1일 근로시간이 6시간이 되도록 근로시간 단축을 허용할 수 있다.
⑧ 사용자는 제7항에 따른 근로시간 단축을 이유로 해당 근로자의 임금을 삭감하여서는 아니 된다.

▶ 제74조의 2(태아검진 시간의 허용 등)
① 사용자는 임신한 여성 근로자가 임산부 정기건강진단을 받는 데 필요한 시간을 청구하는 경우 이를 허용하여 주어야 한다.
② 사용자는 제1항에 따른 건강진단 시간을 이유로 그 근로자의 임금을 삭감하여서는 아니 된다.

▶ 제75조(육아 시간)
생후 1년 미만의 유아(乳兒)를 가진 여성 근로자가 청구하면 1일 2회 각각 30분 이상의 유급 수유 시간을 주어야 한다.

> 임신 기간 중 근로시간 단축 제도 (*2016년 3월 25일부터 전국 모든 사업장으로 확대)
> 대상 : 임신 12주 이내, 36주 이후의 여성 근로자
> 내용 : 임금 삭감 없이 하루 2시간 근로시간 단축
> 신청 방법 : 예정일 3일 전까지 신청서 및 의사 진단서 제출
> 사업주 위반 시 처벌 : 과태료 500만 원

## 그래도 가끔 그때가 그립다

주로 힘들고 서러웠던 기억들을 꺼냈지만, 가끔은 임신부들을 보면 부럽기도 하다. 봄은 정말 힘들었지만 그 시절 행복했던 기분을 아직도 잊을 수 없기 때문이다. 특히 임신 7~8개월쯤엔 뭐가 그리 좋았는지, 너무 행복해서 일하다 말고 갑자기 눈물이 나오기도 했다.

한 달에 한 번 산부인과에 가는 날을 손꼽아 기다리고 나만 알아볼 수 있는 초음파 사진 속 아기를 만나는 설렘도 정말 달콤했다. 매일 아기에게 편지를 쓰며 사랑과 고마움을 듬뿍 담았다. 호르몬의 영향이었는지 모르겠지만 온 세상이 내게 꼭 맞춰진 것 같은 안정감이 느껴졌고, 갑자기 모든 게 아름다워 보이는 낭만적인 순간도 있었다. 태교를 위해 예쁘고 매력적인 연예인들의 사진을 저장해놓고 틈틈이 꺼내 볼 때면 눈과 마음이 즐거웠다. 과일을 하나 먹어도 동그랗고 가장 예쁘게 생긴 것만 집어 들었다.

때로는 평소보다 더 예민해져서 동료들의 가벼운 농담에 화를 버럭 내기도 했고 남편의 말 한마디에 꽁해서 토라진 적도 있었다. 그

래도 분명한 것은, 그 시간들이 좋았다는 것이다. 막달에는 곧 있으면 아기가 배 속에서 나올 거라는 사실이 못내 아쉽기도 했다. 말로 설명하기 힘든 그 따뜻함이 아주 좋았다.

 몸무게가 늘어날수록 고통도 늘어났지만, 한편으로는 행복함도 함께 늘었다. 불과 2년 전의 일들이 아득한 옛일처럼 느껴지지만 말이다. 가끔 홀쭉해진 배가 허전하게 느껴질 만큼 문득 그 시절, 그 시간들이 그리워진다.

## 설마 1월 1일은 아니겠지

그러고 보니, 시작부터 혼자였다. 2014년 1월 1일. 서른 살이 되던 날, 딱 맞춰 엄마가 되었다. 예정일보다 2주나 빨리 진통이 시작되었다. 혼자 아픈 배를 부여잡고 서둘러 택시를 잡아 탔다. 출산일에 휴가를 쓰기 위해 특별 근무 날짜를 고민하던 남편은 "설마 1월 1일은 아니겠지" 하며 아침 일찍 출근했다. 남편이 출근 준비를 하는 동안 이슬이 비쳤지만 나 역시 "아기가 바로 나오는 건 아니니까 일단 출근하라"고 남편 등을 떠밀었다. 야속하게도 남편이 2시간 거리의 회사로 달려가자마자 양수가 흐르면서 진통이 시작됐다.

출산일이 가까워지면서 나는 예습 겸 마음의 준비도 할 겸 육아 커뮤니티에 올라온 출산 후기를 숱하게 읽어댔다. 글로는 도저히 감을 잡을 수 없는 상황이었지만 그래도 많은 출산 후기를 읽으며 다짐한 것이 하나 있었다. 출산 전에 반드시 멋지게 최후(?)의 만찬을 갖고 고기를 잔뜩 먹어 힘을 보충하겠다는 것이었다. 하지만 정작 진통이 시작되자 전날 밤 먹다 남은 카레를 데워 밥을 말아 우걱우걱 씹었다.

며칠 씻지 못할 것을 대비해 샤워도 했다. 양수가 샐 때는 샤워를 하면 안 된다는 말을 듣긴 했지만 일단 깨끗하게 씻은 모습으로 아기를 만나고 싶었다. 곧 땀으로 범벅이 될지라도. 힘을 너무 주다가 치아가 흔들리거나 틀어질 수도 있겠다 싶어 그 와중에 교정 유지 장치까지 챙겨서 입에 꼈다. 이렇게 적고 보니 나도 참 보통은 아니었다.

그렇게 나름대로 준비를 마치고 집을 나서 택시를 잡아탔다. 입으로 터져 나올 만한 진통은 아직 아니었지만 이따금씩 아픔이 찾아올 때면 순간 온몸이 굳고 정지되는 것 같았다. 새해 첫날 혼자 택시를 잡아타고 산부인과에 가는 불쌍한 산모처럼 보이기 싫어서 튀어나오려는 신음을 애써 구겨 넣었다. 병원에 도착해서는 혼자 분만실 벨을 누르며 "아기 낳으러 왔다"고 씩씩하게 말한 뒤 옷을 갈아입고 분만실에 누웠다. 그때까지만 해도 정말 오늘 아기를 낳을지 실감이 안 났던 것 같다. 막상 분만실에 눕고 보니 그동안 읽은 출산 후기는 머릿속에서 다 사라지고 아무런 생각도 들지 않았다. 앞으로 닥칠 일이 전혀 예상되지 않았다.

새해 첫날 야심 차게 특별 근무에 나섰던 남편은 회사에 도착하자마자 내 소식을 듣고 기숙사에 사는 후배에게 전화를 걸어 "오늘 네가 대신 좀 해"라며 휴일 근무를 떠넘기고 오는 민폐를 끼쳤다. 속도를 얼마나 냈는지 기억도 안 날 정도로 급히 고속도로를 달려왔다고 한다. 왕복 4~5시간에 달하는 거리를 다시 돌아오는 데 1시간 남짓밖에 안 걸렸다. 나중에 산부인과 주차장에 도착해보니 운전석 문이 제대로 안 잠겨 있었단다. 남편은 "어쩐지 문 쪽에서 자꾸 바람이 들어오는 것 같더라" 하며 머리를 긁적였다.

　남편의 얼굴을 보니 설움이 복받치며 진통이 더 강하게 왔다. 아파서 베개에 얼굴을 묻고 날카로운 소리를 내는데 남편은 뭘 해야 할지 몰라 쩔쩔맸다. 무통주사의 힘을 빌려 잠깐씩 정신을 잃은 듯 졸다 깨보면 남편이 휴대전화로 게임을 하고 있었다. 그래, 기다리기 지루했을 것이다. 딱히 할 일도 없고. 시간이 흐르고 보니 아량이 좀 생겨 남편을 이해할 것도 같지만 당시에는 정말 남편이 야속하기만 했다. 앞으로 아이를 키우는 내내 이런 모습이 이어질 것을 알고 일찌감치 마음을 비웠어야 했는데 그때는 정말 몰랐다.

　1월 1일이라 진료가 없던 담당 의사 선생님이 저녁 무렵 외출복 차림으로 분만실에 오셨다. 마침내 이 고통을 끝내줄 영웅이 나타난 듯 의사 선생님 주위로 아우라가 보였다. 남편은 도저히 모를 내 고통을 제대로 알아주는 사람이 드디어 나타났다는 생각이 들어서인지 의사 선생님이 와주셨다는 사실만으로 많은 위안이 됐다.

　그렇게 12시간 진통 끝에 아기가 나왔다. 아기와의 만남은 짧았다. 양수에 불어 쭈글쭈글한 아기의 첫인상은 인형도 아니고 사람도 아닌, 낯선 모습이었다. 배 속에 있던 아기를 처음 만나면 감격에 젖어 눈물이 쏟아지리라 생각했는데, 막상 아기를 만나고 보니 정신이 너무 없어 아무 생각도 안 들었다. 내 품에 놓인 아기에게 "엄마야"라고 말하니 아기가 한쪽 눈을 슬며시 떴다. 작은 눈 속 새까만 눈동자가 처음으로 나를 봐주던 그 순간이 정지 화면처럼 머리에 남아 있다. 아기에게 엄마 젖 냄새를 맡게 해준다며 가슴에 아기의 입을 갖다 댔다가 몇 초 뒤 헤어졌다. 정말 굵고 짧은 만남이었다.

아기를 본 남편은 "백윤아, 너랑 똑같이 생겼어"라고 하더니 "발이 커. 발이 엄청 커"라고 계속 아기 발 이야기만 했다. 그렇다. 나는 여자치고 발이 크다. 그래서 늘 그게 콤플렉스였다. 그런데도 태어난 아기를 보자마자 "널 닮아 발이 크다"라고 해주는 이토록 낭만적인 남편이라니. 의사 선생님이 "왜요, 누가 발이 커요?"라며 웃으셨다. 모든 것이 내가 상상했던 것과는 너무도 다른 첫만남이었다.

## 산후조리원은 모유수유 훈련소

 왜 아무도 알려주지 않았을까. 출산의 고통이 끝나고 나면 더 무시무시한 모유수유와의 전쟁이 기다리고 있다는 것을. 적어도 마음의 준비라도 했다면 모유수유가 한결 수월하지 않았을까? 지금도 출산 전 모유수유에 대한 준비를 충분히 하지 못한 데 대한 아쉬움이 많다.

 결론부터 말하면 13개월을 꽉 채워 모유수유를 했다. 초반에는 분유와 모유를 혼합을 해서 먹이다가 '완모(완전 모유수유의 줄임말로 모유수유만을 한다는 의미)'에 성공했다. 하지만 엄마가 된 첫해의 팔 할 정도는 모유수유와의 씨름이었다고 할 만큼 모유수유의 과정은 시작부터 끝까지 눈물을 머금기에 충분한 사연들로 점철되어 있었다.

 성공한 자의 여유로 들릴 수도 있겠으나, 처음에는 모유수유에 큰 욕심이 없었다. 주변에 완모에 성공한 사람도 없었고 대부분 분유를 먹이는 듯했다. 왠지 나는 당연히 모유수유를 하지 못할 것이라는 생각도 했다. 물론 모유를 먹이고는 싶었다. 꼭 완모에 성공하겠다는 강한 의지까지는 아니라도 산부인과에서 출산 시 수유 계획을 묻는 설문에 망설임 없이 '모유수유'라고 적어냈다. 은연중에 내 머릿속에는 '엄마=모유수유'라는 공식이 자리를 잡고 있었는지도 모르겠다. 모유를 먹이지 않으면 모성이 부족하거나 이기적인 엄마처럼 여겨지는 것이 사실이었다.

그런데 모유수유를 어떻게 시작해야 하는지, 모유수유는 어떤 과정을 거치며 하게 되는지, 모유수유 중에는 어떤 어려움이 뒤따르는지에 대해서는 전혀 몰랐다. 모유수유를 하는 것이 좋다는 말은 많이 들었지만 정작 이에 대해 제대로 알려주는 곳은 찾기 어려웠다. 한국보건사회연구원의 2012년 '전국 출산력 및 가족 보건·복지 실태 조사'에 따르면 엄마들의 절반(50.1퍼센트) 만이 임신 중 모유수유 교육을 경험했다고 한다(엄마들의 78.8퍼센트는 출산 '이후'에 모유수유 교육을 받았다). 모유수유 교육을 받은 곳은 병·의원이 가장 많았고 그 외에는 보건소와 분유 회사, 문화센터, 민간단체 등이 있었다.[3] 많은 임신부들이 산모교실 등을 통해 모유수유 교육을 접하고 있지만 직장 생활을 하던 나는 그런 기회를 갖기도 어려웠다.

엄마로서 내게 주어진 첫 번째 임무는 아기에게 초유를 먹이는 것이었다. 두 번째도 세 번째도, 아기를 키우는 내내 가장 중요한 임무는 아기에게 젖을 충분히 먹이는 일이었다. 이를 위해 갓 태어난 아기 얼굴을 내 가슴에 파묻어 엄마 냄새를 맡게 했다. 그것도 단 몇 초간이었다. 출산하고 3~4시간이 지나자 신생아실로 내려오라는 연락을 받았고 아기 모양을 한 인형을 안고 간호사가 시키는 대로 자세를 잡아본 게 전부였다. 어설프게 인형을 두어 번 안고 나니 진짜 아기가 내 품에 왔다. 그렇게 모유수유가 시작됐다.

 아, 나는 너무 무지했다. 출산과 동시에 초유가 나오는 줄 알았다. 그것도 콸콸, 쏟아지는 줄 알았다. 또 아기는 본능적으로 엄마의 젖을 찾아 물고, 잘 빨고, 알아서 배를 채우는 줄 알았다. 슬프게도 그건 엄청난 착각이었다. 다른 엄마들을 곁눈질하며 어설프게 자세를 잡았지만 초유는 한 방울도 나오지 않았고, 아기는 젖을 빨기는커녕 입도 제대로 못 갖다 댔다. 간호사는 '아직은 연습을 하는 단계'라며 위로했지만 갓 태어난 핏덩이가 못난 엄마 때문에 배를 곯을까 봐 점점 조바심이 났다. 결국 산부인과에 머물던 사흘 내내 아기 배 속에 들어간 모유는 없었다. 아무것도 나오지 않는 내 가슴으로 과연 모유수유가 가능하기나 할지 좌절감만 가득했다.


 사흘 뒤 산후조리원에 도착했다. 그런데 짐을 푸는 순간 조리원 선생님들이 모두 당연한 듯이 내 가슴을 한 번씩 만져대기 시작했다. 민망해하는 내가 오히려 어색해 보일 정도였다. 불과 얼마 전까지 '아가씨' 소리를 들으며 도도하게 굴었던 나였는데 이 서른 살 젊은 여성의 가슴이 아무나 만져보는 것이 되어버리다니. 내가 어떤 사람인지, 무슨 일을 하던 사람인지는 아무도 궁금해하지 않았다. 나를 판단하는 기준은 그저 젖이 잘 나오는 산모냐, 아니냐였다.

그래도 선생님들이 열심히 주물러준 덕분이었을까, 며칠이 지나자 서서히 모유가 돌기 시작했다. 그렇지만 아기는 여전히 젖을 잘 빨지 못했다. 가슴이 후끈거리면서 돌덩이처럼 굳어가는 느낌이 들며 아팠다. 젖을 계속 짜내야 한다기에 유축기라는 걸 처음으로 사용하게 됐다.

유축기와의 첫 만남은 아직도 생생하다. 조리원 가운 단추를 여러 개 열어젖히고 웬 깔대기를 내 가슴에 대던 그 장면 말이다. 어깨와 가슴을 드러낸 채 몸을 쭈그려 젖을 짜던 순간, 여성으로서의 자존감이라고는 모두 바닥에 내려놓는 의식이라도 치르는 것 같았다. 아기를 먹이는, 참으로 숭고한 일이라 미안한 말이지만, 그때 솔직한 심정은 내가 딱 젖소가 된 것 같았다. 퉁퉁 불어난 가슴은 비현실적이기까지 했다. 깔대기를 통해 모유가 나오는 순간에는 신기함과 기쁨, 부끄러움까지 온갖 묘한 감정에 휩싸였다.

모유가 활발히 차면서 가슴은 더 단단해졌다. 가슴이 돌처럼 딱딱해지고 극심한 아픔이 뒤따랐다. 조리원 선생님에게 말했더니 냉장고에서 커다란 양배추 한 통을 꺼내주었다. 그걸 가슴에 붙이면 열을 식혀준다는 거다. "원래 몇 장씩 떼어줘야 하는데 그냥 한 통

나를 판단하는 기준은 그저
젖이 잘 나오는 산모냐, 아니냐였다.

다 줄게요." 선생님이 인심을 썼다. 황당했지만 아픔을 줄일 수 있다는 말에 신나서 양배추를 들고 왔다. 커다란 양배추 잎을 떼어 양쪽 가슴에 붙이고 누웠을 때에는 원시인이라도 된 느낌이었다. 그런 경험은 살다 살다 처음이었다. 집에 혼자 있을 때에도 벌거벗은 채로 돌아다니지 않던 나였다. 그런 내가 웬 낯선 방에 드러누워 양쪽 가슴을 내놓고, 그 위를 못생긴 양배추 잎으로 덮어놓고 있다니. 내 몸을 내가 보는 것이 두려웠다. 그런데 돌덩이 같은 가슴이 점점 풀어지는 데서 쾌감을 느꼈다. '아, 내가 진짜 엄마가 되긴 했구나' 하고 생각했다.

조리원 생활은 시작부터 끝까지 모유수유였다. 조리원에 함께 있었던 엄마들 사이에서 단연 1등은 모유 양이 많은 사람이었다. 나는 한참을 짜서 50~60밀리리터의 눈금을 겨우 맞췄는데, 여유롭게 150밀리리터의 젖병 하나를 거뜬히 채운 엄마를 보면 그렇게 부러울 수 없었다. 하루 삼시 세 끼에 간식 두 번까지 열심히 챙겨 먹고도 나는 끼니마다 두유를 쪽쪽 마셨다. 이 모두가 모유가 잘 나오게 하기 위해서였다. 하루 한 번씩 가슴 마사지도 받았다. 이제는 누군가가 내 가슴을 만지는 것이 덜 쑥스러워졌고, 통증을 줄이기 위해 마사지를 더 많이 받고 싶기까지 했다. 어느새 나도 실력이 늘어 한 번에 유축량이 100밀리리터를 채우게 됐다. 무슨 대단한 특종을 한 것처럼 어깨가 으쓱했다. 100밀리리터를 채운 내 젖병을 다른 산모들이 봐주었으면 하고 젖병 수거함이 있는 방까지 천천히 걸어가기도 했다.

 매일 1~2시간 간격으로 아기를 만나 젖을 물리며 씨름을 했다. 유축은 어느 정도 따라잡았다고 생각했는데 정작 실전은 약했다. 한쪽당 5~10분씩 먹이라는데 나는 20~30분씩을 붙잡고 아기와 신경전을 벌였다. 다리에 쥐가 날 정도로 젖을 먹이다 포기하고 아기를 돌려보내고 나서 다시 유축을 했다. 과연 산후조리는 언제 할 수 있는 것인지, 제발 2시간만 잠을 푹 잤으면 하는 바람이 간절했다. 보통 200~300만 원씩이나 주고 2주를 머무는 산후조리원은 더 이상 쉬는 곳이 아니었다. 나중에는 그 어마어마한 돈이 아까울 지경이었다. 산후조리원은 영양가 있는 밥을 양껏 챙겨주면서 모유수유를 훈련하는 곳이었다.

### 산모의 '삼시 세 끼'

2주 뒤 조리원에서 나와 집으로 돌아오자 본 게임이 시작됐다. 다행히 조리원에서 한 번도 '직수(직접 아기에게 젖을 물려 수유함)'를 하지 못했던 아기가 갑자기 젖을 잘 물기 시작했다. 정말 고마운 일이었지만 조리원에서처럼 밥을 해주는 이도, 마사지를 해주는 이도 없이 아기를 돌보는 일은 정말 생각처럼 잘 되지 않았다. 2주 동안 산후도우미를 따로 불러서 도움을 받았지만, 주말이 되면 평일 동안 산후도우미 이모님이 억지로 만들어 놓은 패턴도 모두 엉망이 됐다. 그나마 그것도 겨우 2주간의 행복에 그쳤다.

처음에는 아기가 먹는 것과 기저귀를 가는 것까지 모두 메모를 해두었다. 아기가 먹고 자는 데 일정한 패턴이 있는지 알고 싶어서였다. 그런데 생각보다 꼼꼼하게 기록하기가 너무 어려웠다. 거의 종일 아기를 안고 있어야 했기 때문이다. 산후도우미 이모님도 없이 온종일 혼자 아기를 돌보게 된 첫날이 아기 생후 18일째였다. 그날 내 하루는 이렇게 기록돼 있다.

> 0:25 분유 60밀리리터 중 10밀리리터만 먹음 → 나중에 다 먹음
> 1:30~40 모유
> 4:50~5:20 모유
> 8:40~9:10 모유
> 10시 반쯤 유축 모유 60밀리리터
> 12:05~13:00 모유. 양쪽 다 먹음
> 13:30 응가한 뒤 모유 + 유축 모유 20밀리리터 정도
> 15:50~16:10 모유 + 유축 모유 60밀리리터
> 16:40~18:30 모유
> 18:40~19:00 모유
> 20:30~ 모유
> 23:30 까지 조느라 까먹음. 목욕시킨 후 20~30분 모유 + 유축 모유 20밀리리터
> 그리고 다음날 새벽 1시 반까지 20~30분 간격 모유

다시 돌아보니 정말 무식하게 아기가 울면 무조건 젖만 물렸던 것 같다. 며칠 못 가서 이런 수유 기록도 멈췄다. 노트 곳곳에 '메모 불가', '자느라 못 적음'이라는 문구가 적혀 있다.

산후도우미 이모님마저 떠난 뒤부턴 먹이고, 기저귀를 갈고, 안아주고, 씻기고 이 모든 것을 혼자, 온종일 하느라 사투를 벌여야 했다. 수유 간격이니 뭐니 잠깐 동안 주워들었던 정보들은 온데간

데없이, 수시로 울어대는 아기에게 수시로 젖을 물리기에 급급했다. 거의 30분~1시간 단위로 수유를 했다. 그렇게 완전히 혼자가 된 지 며칠 만에 나는 폭발했다.

생후 35일 일기에는 '오늘 대박'이라는 말과 함께 'ㅠㅠ' 표시가 사방에 적혀 있다. "온종일 한잠도 못 자니 너무 힘들고, 잠들었다가 눕히면 바로 깨는 아기가 너무 야속하다. 아침에는 아가한테 살짝 짜증도 냄. 미안. 정말 너무너무 힘든 하루였다. 오늘 밤에는 제발 푹 자주길. 아침은커녕 점심(첫 끼니) 4시 반에 먹고 세수도 못함"이 그날의 기록이었다.

이튿날에는 "오늘도 (수유 시간 및 간격) 기록 불가. 모유 수시로 먹고 잠들었다가 침대에 눕히면 곧바로 깸. 누워서 20~30분 졸았던 게 전부. 온종일 안고 있음. ㅠ 오후까지 너무 피곤해서 정신을 못 차렸다"고 썼다.

그리고 열흘 뒤엔 "새벽에 안 자고 계속 보채서 진짜 '멘붕'(안 좋아하는 말이지만 달리 표현할 말이 없다)! 1시부터 계속 모유 먹이는데도 보채고, 나중에는 젖 안 나와서 우는 것 같고. 분유도 80밀리미터 먹였는데 잠시뿐. 그 이후에도 계속 모유 먹였는데 자지러지게 울어서 계속 달래고 먹이다 새벽 5시에 잠들었다. 진짜 미치는 줄 알았다. ㅠㅠ"

수유 기록이 점점 힘들어지면서 나중에 아기에게 남겨줄 육아 일기로 쓰자고 한 일기장 곳곳이 눈물투성이에 우는 소리로 가득하

수시로 울어대는 아기에게 수시로 젖을 물리기에 급급했다.
그렇게 완전히 혼자가 된 지 며칠 만에 나는 폭발했다.

다. 아, 지금도 2년여 전에 쓴 짧은 문장들을 다시 읽기만 하는데 그때의 피곤함과 고통이 너무 생생하게 되살아난다.

온종일 아기에게 젖을 먹이면서 늘 모유 때문에 걱정했다. '모유 양이 많이 부족한가?', '내게 무슨 문제가 있나?', '내 식사가 부실해서 아기에게 안 좋은 영향을 주나?' 등등 별별 생각이 다 스쳤다. 모유 몇 밀리리터에 엄마로서의 내 능력이 가늠되는 것만 같았다. 결국 내게 문제가 있어 아기가 계속 배고파하는 상황이라 여기게 됐다.

육아 커뮤니티에서 돼지 족발이 모유 양을 늘리는 데 좋다는 글을 보고 난생 처음 인터넷을 통해 돼지족즙과 잉어즙을 몇 박스 사서 냉장고에 고이 쟁여두고 마셨다. 조리원에서 어떤 엄마가 모유가 잘 나오게 하려고 두유를 쟁여두고 먹던 것이 생각나 마침 홈쇼핑에서 유기농 두유를 팔길래 망설임 없이 전화를 걸어 몇 박스를 주문하기도 했다. 예전에는 내 돈 주고 절대 사 먹지 않던 것들이다.

혼자서 아기를 돌보니 먹는 것이 시원찮을 수밖에 없었다. 오후 다 늦게야 남편이 전날 밤 끓여놓은 미역국에 밥 한 그릇을 말아 겨우 먹었다. 그리곤 남편이 퇴근하고 돌아와서 챙겨준 미역국이 두 번째이자 마지막 끼니였고 틈틈이 두유를 마셔주는 것이 다였다. 내가 잘 먹어야 아기에게 젖도 더 잘 먹일 수 있을 것 같지만, 종일 가슴을 내어주는 입장에서는 그 시간에 조금이라도 더 자는 게 좋았다. 밤에는 아기가 좀 배불리 먹고 푹 잤으면 해서 분유를 먹였다. 그런데 분유를 먹이면 다시 그 젖병을 씻고 소독해야 하는데 그마저도 너무 귀찮고 버거운 일로 느껴질 만큼 힘이 들었다. 자정을 넘어서면 남편은 다음날 퇴근을 위해 잠자리에 들고 나는 다시 낮에 했던 것과 똑같이 아기에게 젖을 먹였다. 아, 아빠에게도 모유가 나온다면 얼마나 좋을까? 같은 부모인데 어째서 엄마만 이렇게 모든 고통을 감내해야 하는 건지. 유치한 생각으로 엄마가 된 것을 야속해하기도 했다.

### 출산의 고통보다 힘들었던 강제 완모

그럭저럭 모유수유에 잘 적응했다고 생각한 100일쯤 예상치도 못한 고비가 찾아왔다. 아기가 점점 빠는 힘이 강해지고 수시로 모유를 찾다 보니 유두에 상처가 난 것이다. 극심한 통증이 몰려왔다. 인터넷에서 증상을 검색해보니 유두균열인 것 같았다. 모유수유를 하는 엄마들에게는 유선염, 유두균열 등이 자주 발생한다고 했다.

 유두에 눈에 잘 보이지도 않을 만큼 작은 상처가 난 것인데, 옷깃만 살짝 스쳐도 칼에 베이는 듯한 아픔이 느껴졌다. 출산 시 진통보다 몇 배는 더 고통스러웠고, 아기가 배고파 울며 입을 벌릴 때마다 무서웠다. 친정엄마에게 너무 아프다고 말하며 울었더니 "굳은살이 박여야 한다"고 하셨다. 끔찍했다. 아기가 젖을 무는 순간 머리부터 발끝까지 전기가 찌릿 통하는 것 같은 고통을 참고 온몸에 잔뜩 힘을 준 채, 때로는 악을 질러가며 젖을 먹여야 했다. 남편에게 부탁해 온갖 종류의 연고를 구해 발라보기도 했다. 그러던 중 어느 육아 커뮤니티에서 거즈 손수건을 도넛 모양으로 동그랗게 말아서 가슴에 대고 있는 방법이 효과적이라는 것을 알게 되었다. 약을 바른 뒤에 통풍이 잘 되게 해주는 방법이었다. 평일 낮에는 어차피 나와 아기 단 둘만 있는 일상이었으니 며칠은 그냥 티셔츠도 입지 않았다. 창피함이고 뭐고 무조건 그 아픔에서 빨리 벗어나고 싶은 마음뿐이었다. 그런데 그 '도넛 손수건' 방법이 효과가 있었다. 어느 백과사전에도 나와 있지 않은, 참으로 요긴하고 고마운 정보였다.

그렇게 유두균열로 2주 정도를 고생했지만 모유수유를 중단하지는 않았다. 모유수유를 포기하고 싶지 않다는 오기가 조금 있기도 했지만, 무엇보다 아기가 젖병을 물지 않았다. 이제 엄마 가슴에 완전히 적응한 아기는 고무젖꼭지 따위는 물지 않았다. 그러니 반강제로라도 완모를 할 수밖에 없는 상황이었다.

상처가 아물면서 정말 굳은살이 박이는 듯했고 그러자 모유수유가 더 편해지고 익숙해졌다. 그러다 보니 일상의 모든 것이 모유수유 중심으로 돌아갔다. 옷도 수유하기 편한 옷, 아기의 살에 닿았을 때 까끌까끌하거나 불편한 느낌이 없는 옷만 입었다. 집에서는 목이 다 늘어난 헐렁한 티셔츠를 입고 언제든 홀러덩 옷을 들춰 올렸고, 외출할 때에는 임부복 같이 넉넉한 옷이나 단추가 달린 셔츠가 편했다. 내 일과는 아기가 잠에서 깬 순간 모유를 먹이고 그다음

1~2시간 간격으로 먹이고 또 먹이는 것의 반복이었다. 아기가 먹다 잠이 들면 나도 소파에 머리를 기대 졸았고, 5개월쯤부턴 아예 누워서 젖을 먹였다. 수유 간격이 길어질수록 아기가 자라고 있음을 느꼈다.

## "내 신경은 온통 모유였어"

아기가 조금 커서 외출을 하려고 보니 가장 먼저 수유가 문제였다. 그래서 외출 장소는 무조건 수유실이 갖춰진 곳, 약속 장소도 가능한 한 백화점이나 쇼핑몰로 잡았다. 수유실이 없는 곳으로 외출해야 하는 경우에는 집에서 나가기 직전까지 아기에게 젖을 물렸다가 2~3시간 안에 집으로 돌아와야 했다. 아기가 5개월이 됐을 때 친정이 있는 미국에 갔더니 수유실이라고는 찾아볼 수가 없었다. 우리나라 백화점과 마트의 수유 시설이 새삼 고마웠다. 서울에서는 지하철을 타고 있다가도 수유실이 있는 역을 찾아 내려서 급히 젖을 먹일 수 있었지만, 친정이 있는 지역은 그렇지 못했다. 두 달을 머무르는 동안 다른 주에 있는 쇼핑몰에서 딱 한 번 수유실을 이용해봤다. 부모님 차를 타고 이동을 할 때에는 차에서 내리기 바로 전까지 젖을 먹여야 했다. 밖에서 머무는 시간이 길어지면 초조해졌다.

한번은 번화가에 있다가 시간이 늦어져 레스토랑 제일 구석 자리에 앉아 옷으로 가리곤 몰래 젖을 먹이기까지 했다. 그나마 화장실에는 대부분 기저귀 갈이대가 있어 아기를 거기에 받쳐서 안고 서서 젖을 먹일 수 있었다. 그마저 없을 때는 변기 뚜껑을 덮고 그 위에 발을 올려 아기를 받쳐 안고 젖을 먹인 적도 있다.

이렇게 반년 정도 사투를 벌였더니 이제 나도 아기도 모유수유에 익숙해졌다. 젖병은커녕 '쪽쪽이(공갈젖꼭지)'조차 물지 않는 아기에게 줄 것은 오로지 모유뿐이었다. 사실 분유와 젖병, 보온병까지 나갈 때마다 한 짐씩 이고 다니느니 모유수유를 하는 것이 훨씬 편했다. 장소만 있으면 그냥 옷을 살짝 올리고 젖을 먹이면 그만이니 말이다. 외출 시 준비할 것도 기저귀와 물티슈 정도면 충분해 부담이 적었다. 여전히 다른 또래 아기들에 비해 수유 간격이 짧고 밤중 수유도 계속됐지만 이 모든 것도 몸에 배니 처음만큼 힘들진 않았다.

그렇게 아기가 돌쟁이가 되고 난 뒤까지 완모를 지속했다. 어려운 모유수유의 산을 몇 차례 넘고 났더니 나중에는 아기에게 모유를 먹이는 때가 가장 편안하고 행복했다. 무어라 말할 수 없는 안정감이 밀려왔다. 젖을 먹을 때마다 내 품에 폭 안겨서 나를 빤히 바라보는 아기의 눈이 정말 예쁘고 사랑스러웠다. 그 작은 입을 어찌나 열심히 움직이는지. 그러면서도 한쪽 눈은 힐끗힐끗 나를 바라보며 자그마한 손으로 내 옷이나 머리카락을 돌돌 말며 장난을 쳤다. 배불리 먹고 잠이 든 아기의 표정은 세상에서 가장 예쁘고 사랑스러웠다. 아기와 서로 눈을 마주치며 교감을 했던 그 순간, 나는 세상을 다 가진 느낌이 뭔지도 알 것 같았다. 이 세상에 태어나 오로지 내게만 의지하며 자라고 있는 아기에게 부족하지만 내 모든 것을 주는 느낌이 들기도 했다. 슬슬 모유를 끊어야 한다고 생각하니 아쉬운 마음마저 들었다. 생애 딱 1년 남짓 경험했던 모유수유의 행복을 가능한 한 오래 만끽하고 싶었다. 복직을 하지 않았다면 아마 더 오래 수유를 했을 것이다.

13개월 동안 밤중 수유를 두어 번씩 꼭 할 만큼 모유에 집착하는 아기였는데 과연 끊어낼 수 있을지도 겁이 났다. 신생아 때는 엄두도 못 냈던, 한 번에 8만 원이나 하는 마사지를 단유를 하기 위해 찾아가 받았다. 마사지 선생님이 "어이구, 양이 너무 많네"라고 하는데 그 한마디에 마음이 얼마나 뿌듯하고 좋았는지! 그동안 모유 양이 부족해 아기가 젖을 너무 자주 먹고 밤에도 푹 자지 못한다는 죄책감을 느끼며 지냈는데 이런 칭찬까지 받는 날이 올 줄 언제 상상이라도 해봤을까. 어디에 자랑할 수도 없는 그 칭찬을 듣고 왠지 어깨가 들썩들썩했다. 아무튼 남들은 서너 번이면 족한 단유 마사지를 나는 대여섯 번은 받아야 한다는데 상술일지도 모를 그 제안에 나는 흔쾌히 응했다. 모유 양이 많다는데 돈이 문젠가.

단유 마사지를 받으며 하루 1시간 정도 젖을 짜내기만 하고 아기에게 젖을 물리지 않았다. 그러자 처음 수유를 시작할 때처럼 가슴이 단단해졌다. 일찌감치 마트에서 사둔 양배추 잎을 꺼내 가슴에 붙이고 '쭈쭈'를 먹고 싶다는 듯 뚫어지게 나를 보는 아기에게 보여주었다. "엄마 쭈쭈 아파." 그러자 아기가 기겁을 하는 듯했다. 내 눈에도 이상하게 생긴 그 꼴이 아기의 눈에는 꽤나 징그러워 보였나 보다. 그렇게 몇 번 아기가 입맛을 다실 때마다 양배추 가슴을 보여주었고 이후 아기는 다시는 젖을 찾지 않았다. 잘 알려진 '곰돌이 단유법(집 안 곳곳에 곰돌이를 그려두고 아기에게 엄마 젖을 배고픈 곰돌이에게 주자고 말하며 단유하는 방법)'보다 제대로 효과를 본 방법이었다.

모유수유는 엄마만이 느낄 수 있는, 참 행복한 경험이지만 참으로 힘들고 고된 일임에 분명하다. 한국보건사회연구원의 2012년 조사에 따르면 모유수유의 비율은 아기 생후 1~2개월에 가장 높은 56.7퍼센트였다가 3~4개월 미만에 50.0퍼센트, 5~6개월에는 32.3퍼센트로 낮아졌다. 모유수유를 몇 달간 유지하는 것이 얼마나 힘든 일인지를 보여준다. 모유를 전혀 먹이지 않은 이유의 51퍼센트가 모유 양이 부족해서였다. 다음으로 엄마의 취업(16.3퍼센트), 유두 및 유방 통증(10.2퍼센트), 아기가 모유를 싫어하거나 젖을 빨지 않아서(8.2퍼센트) 등의 이유가 있었다.[4] 엄마의 의지로 모유를 아예 먹이지 않은 경우는 드물다는 애기다. 또한 모유수유는 엄마의 의지와 관계없이 엄마의 몸 상태나 아기의 상황 등에 따라 민감하게 영향을 받는다. 상황이 이러하니 엄마라면 당연히 모유를 먹여야 한다고 강요할 수 없다. 모유수유를 시도해본 모든 엄마들이 출산 후 모유가 도는 통증에 아파하고, 수유가 마음대로 되지 않아 눈물을 훔쳤을 것이다. 모유수유를 하기 위해 잠도 못 자고 먹는 것도 마음대로 먹지 못하며 많은 것을 참아야 했을 것이다. 그나마 나처럼 육아휴직 1년을 사용할 수 있었던 경우는 양반이다. 회사 휴게실이나 심지어 화장실에서 유축을 하는 직장맘들도 숱하게 많다.

그러니 결코 모유수유를 얼마나, 어떻게 했는지가 모성애를 측정하는 도구가 되지 않았으면 한다. 엄마로서 마땅히 해야 할 일인 건 맞지만 이토록 어려움이 많은 과정을 무작정 강요한다거나 또는 너무 가볍게 여기지는 말아주었으면, 가뜩이나 힘든 과정을 감내하고 있는 엄마들의 마음까지 다치는 일은 없었으면 한다.

### 지긋지긋한 젖 타령

육아 커뮤니티에는 하루에도 수십 개씩 모유수유와 관련된 글이 올라온다. 그중 상당수는 모유수유로 인한 스트레스를 호소하는 내용이다. 임신했을 때부터 모유수유에 대한 압박에 시달리는 것은 물론 출산 후 모유수유가 제대로 되지 못하면 타박을 받는다는 거다. 엄마들 사이에서는 이른바 '젖 타령'으로 알려진 일들이다. '젖이 잘 나오느냐?', '젖이 왜 안 나오느냐?'는 질문부터 가뜩이나 어려운 시부모님 앞에서 젖을 먹여보라는 등 각종 난감한 요구에 시달리는 엄마들이 많다. 한번은 온라인 커뮤니티에 "시아버지가 모유수유하는 거 보겠다고 하십니다"라는 글이 올라와 기사도 여러 차례 나오며 논란이 된 적이 있다. 시부모님들의 논리는 대개 비슷했다. 손주 밥 먹는 거 보는 게 뭐가 이상하냐는 거다. 돌아서서 먹이거나 방에 들어가 먹이겠다고 하면 유난을 떤다는 핀잔이 돌아온단다. 수유가 엄마로서 해야 할 중요한 임무라 하더라도 엄마를 그저 아기에게 '젖 주는 기계' 정도로 취급하는 것은 매우 화가 나는 일이다. 힘들게 겨우 모유를 먹이고 있는데 "모유가 부실한가 보다"라거나 "참 젖이 아니라 물젖을 먹이고 있다"는 등 근거도 없는 말을 들으면 엄마는 무거운 죄책감을 느끼게 된다.

한편 분유를 먹이는 엄마들 입장에서는 가뜩이나 자책하는 마음이 있는데 주위에서 "애가 모유를 안 먹어서 자주 아프다"는 식으로 툭툭 말을 던지면 깊은 상처를 받지 않을 수 없다. 그러니 모유수유를 잘 하라고 권장만 할 것이 아니라 수유모의 힘든 상황과 심정을 먼저 배려하고 실제적인 도움을 주는 것이 우선이다. 정부나 관련 단체에서는 단순히 수유실을 하나 더 늘리는 데 급급하기보다는 실질적으로 모유수유를 잘 할 수 있는 방법을 교육하고 지원하는 방안들을 마련하면 좋겠다. 엄마와 아기가 더 행복해질 수 있게 해주는 도움과 배려는 많으면 많을수록 좋기 때문이다.

## 수습 시절 선배보다 무서운 존재

일찌감치 깨우쳤어야 했다. 엄마가 되는 일은 외로운 길이라는 것을. 아무도 내게 말해주지 않았고 미처 상상도 하지 못했지만, 혼자 택시 타고 신음 소리를 삼켜가며 아기를 낳으러 간 것부터가 '너는 앞으로 외로운 어미가 될 것'이라는 복선이었는지도 모르겠다.

　나는 유독 혼자였다. 해외에 살고 있는 친정 가족들, 일하시느라 바쁜 시부모님, 회사가 너무 멀리 있어 늘 시간에 쫓기고 피곤한 남편. 물론 처음부터 외로움을 자초한 측면도 없지 않다. 해외에 계신 친정엄마가 내 출산일에 맞춰 한국에 들어오시겠다고 했지만 기껏 3~4주 있다 가실 거면 아예 오지 마시라고 거절했다. 짧은 시간 동안 어설프게 엄마의 도움에 의존했다가 엄마가 돌아가면 더욱 걷잡을 수 없이 힘들어질까 봐 두려웠기 때문이다. 산후조리원에서 나온 직후 미역국과 반찬을 바리바리 싸들고 오신 이모의 도움도 스스로 거절했다. 연락도 없이 현관 비밀번호를 누르고 들어오시더니 냉장고를 뒤지며 잔뜩 잔소리를 늘어놓는 이모에게 예의 없이 굴어버린 것이다. 그만큼 예민한 시기이기도 했다. 비슷한 이유로 가뜩이나 어려운 시어머니께도 먼저 도움을 청하지 못했다. 결혼 초기부터 시어머니와 대화를 할 때면 늘 상처를 받곤 했다. 화를 내신 것도 아니고 조곤조곤 말씀하시는데도 내 마음에 너무 많은 생채기가 났다. 아기를 낳고 힘들어 민감한 때에 더 이상 마음을 다치고 싶지 않았다. 마침(?) 임신했을 때부터 별 관심을 보이지 않으시던 시어머니는 한 번도 먼저 도와주겠다고 하시지도 않았다. 그렇게 자의 반, 타의 반 나 홀로 독박육아를 시작했다.

그래서일까? 내게 아이 키우는 데 뭐가 가장 힘들었냐고 물으면 나는 첫째도 외로움, 둘째도 외로움, 셋째도 외로움이라고 답할 것이다. 굳이 산후우울증이라는 거창한 병명을 달지 않아도 모든 것은 외로움에서 비롯된다는 것을 뼈저리게 느꼈다. 단순한 고독의 차원을 넘어선 외로움, 이 세상 모든 짐을 혼자 짊어지고 있는 것 같은 외로움. 이것이 육아를 더욱 우울하고 힘들게 했다. 엄마라는 이름의 무게. 그 외로움을 오롯이 혼자 참고 견뎌야 했다.

물론 사랑스러운 아기는 그 자체로 엄청난 축복과 기쁨이다. 아기를 키우며 어떤 단어로도 설명할 수 없을 만큼 행복한 사랑의 감정을 느낄 수 있다. 매 순간 느끼게 되는 생명의 신비로움 역시 어떤 말로도 부족할 정도로 크다. 그런데 그토록 맑고 투명한 아기의

내게 아이 키우는 데 뭐가 가장 힘들었냐고 물으면
나는 첫째도 외로움,
둘째도 외로움,
셋째도 외로움이라고 답할 것이다.

눈동자를 보면서 나는 외로움을 느꼈다. 나를 보며 세상에서 가장 빛나는 미소로 웃어주는 아이의 얼굴을 보며 말할 수 없는 고통을 마주해야 했다.

아기는 같이 만들었는데 육아에 있어 아빠가 할 수 있는 게 별로 없었다. 임신도 내가 하고 출산의 고통도 나만 겪었다. 12시간 동안 찢어질 듯한 아픔을 겪으며, 울부짖는 짐승 소리를 내는 것도 나뿐이었다. 열 달 동안 무거운 몸을 지탱하며 아기를 품느라 고생했으니 아기를 낳고 나면 모든 고통이 끝날 줄 알았다. 요즘은 육아도 부부가 공동으로 하는 세상이라고 하니 남편에게 의지할 수 있을 줄 알았다. 잠도 좀 푹 자고 쉴 수 있을 줄 알았다. 하지만 그것은 대단한 착각이었다.

아기와 단 둘이 집에 있기 시작한 날부터 '나'는 온데간데없이 사라졌다. 내 마음대로 할 수 있는 일이 아무것도 없었다. 자고 싶을 때 자고, 배고플 때 밥을 먹는 기본적인 욕구조차 해소할 수 없었다. 처음 두 달은 세수도 사치였고, 누워서 2시간 이상 자지 못했다. 온종일 가슴을 훤히 드러낸 채 소파에 붙박이로 앉아 모유수유를 하며 졸기를 반복했다. 그러다 겨우 정신을 차리고 늦은 오후 겨우 첫 끼니를, 남편이 끓여준 미역국으로 때웠다. 그조차도 국에 밥을 말아 선 채로 후루룩 들이켜야 했다.

매일 밤 푹신한 침대에서 몸을 쭉 뻗고 자는 남편이 그렇게 얄미울 수가 없었다. 곤히 자고 있는 사람을 툭툭 건드리기도 하고, 갓 난쟁이에게 "그만 좀 울어라" 하며 아이 핑계를 대면서 큰 소리로 남편을 깨우기도 했다. 하지만 남편이 졸린 눈을 비비며 일어나봐야 딱히 달라질 건 없었다. 사실 매일 아침 6시에 출근해야 하는 사람을 벌세우듯 앉혀놓고 멍하니 젖 먹이는 것이나 지켜보게 하는 일도 불편했다. 그래서 그냥 편히 자라고, 얼른 들어가 자라고 내 입으로 말하면서도 순순히 방에 들어가는 남편의 뒷모습을 보며 말할 수 없는 야속함과 외로움을 느꼈다. 그렇게 다시 나와 아기만 남겨진 그 차가운 새벽 공기, 매일 밤 자정을 넘기는 시계를 마주하기가 두려웠다.

기자 생활을 처음 시작할 때 혹독한 수습 기간을 거쳤다. 4개월간 평일에는 집에도 못 들어가고 꼼짝없이 경찰서 2진 기자실에서 생활했다. 아침 6시에 선배에게 사건 보고를 하기 위해 새벽 4시에 일어나 경찰서 서너 군데를 다녔고, 자정에 보고를 마친 뒤 일지를 쓴 뒤 씻고 나면 새벽 1시가 훌쩍 넘었다. 그때는 "아, 내가 이렇게 잠을 줄일 수 있는 줄 알았다면 고시를 볼 걸 그랬다"며 농담을 하기도 했다. 그런데 이건 더했다. SNS에 "아기는 수습 시절 선배보다 무서운 존재"라는 글을 적었다. 그나마 수습 때 선배는 3~4시간은 자게 해주었다. 그 잠조차 방해하는 선배는 없었다. 그리고 아침, 점심, 저녁 세 끼를 챙겨 먹을 시간도 1시간씩 주었다. 늘 선배의 전화에 쫓겨 지시한 과제를 해결하느라 정신없었지만, 그래도 시키는 일만 잘하면 됐다. 선배가 뭘 원하는지 알았고, 과제를 잘 해결하면 약간의 달콤한 휴식도 누릴 수 있었다. 그리고 금요일 밤 집으로 돌아가면 토요일 하루는 내내 이불 속에 파묻혀 마음껏 잠을 잘 수도 있었다.

그런데 아기는 달랐다. 시도 때도 없이 나를 깨웠고, 온종일 옴짝달싹도 못하게 했다. 가장 큰 문제는 '과제'가 뭔지 알 수 없는 거였다. 앙칼진 울음을 있는 힘껏 내뱉는데 배가 고픈 건지 어디가 아픈 건지 도무지 알 수 없을 때가 태반이었다. 아기를 거의 종일 안고 있으니 팔목이 떨어져 나갈 것 같았지만 아기의 울음소리를 줄이기 위해서라면 감내해야 한다고 생각했다. 긴 머리를 질끈 묶고서 몇 시간 지나면 어느새 머리가 다 헝클어져 있었지만 어떤 때에는 그걸 다시 묶는 일조차 귀찮고 힘이 달렸다. 점점 눈의 초점이 흐려지는 느낌이 들었다. 내 상태는 '좀비'라는 표현이 꼭 들어맞았다.

### 100일의 기적, 낮 샤워

아기가 70일쯤 됐을 때에야 바운서의 존재를 알게 되었다. 바운서를 산 것은 미역국 끓이기보다 훨씬 뛰어난, 남편의 잘한 일이었다. 바운서는 냉장고에서 밑반찬을 꺼내 식탁에 차리고 앉아서 밥을 먹게 해준, 첫 번째 기적의 아이템이었다.

시간이 지나면서 잠을 잘 수 있는 시간도 아주 조금씩 늘어갔다. 남편이 없는 평일 오후 샤워를 하며 머리부터 발끝까지 씻어낸 것이 내게는 100일의 기적이었다. 그전까지 평일에는 세수만 겨우 하고 남편이 아기와 함께 있어주는 주말에만 온몸을 씻을 수 있었다.

그즈음 드디어 누워서 잘 수도 있게 되었다. 물론 장소는 소파였다. 아기에게 젖을 먹인 뒤 안고 있는 상태로 스르르 소파에 같이 눕거나, 아니면 내 배 위에 아기를 엎드리게 해 안고 잤다. 그러면 1~2시간은 더 잘 수 있었다. 그 놀라운 비법을 너무 뒤늦게 터득한 것이 아쉬워 '다음에 둘째를 낳으면 아예 처음부터 이렇게 재워야지'라고 다짐하며 자못 들뜨기까지 했다.

6~7개월쯤 갑자기 낯가림이 심해진 아기가 '초강력 껌딱지'가 되었을 때에는 화장실에서 아기를 안고 볼일을 봐야 했다(아마 모든 엄마들이 화장실 문을 활짝 열어놓고 문 앞에 앉아 있는 아기에게 갖은 애교를 부리며 볼일을 보거나 춤을 추면서 샤워를 한 경험이 있으리라). 뿐만 아니라 돌을 넘겨서까지 밤중 수유를 했던 탓에 1년여 동안 연속으로 5시간 이상 자본 적이 손에 꼽힐 정도였다. 만성 피로, 만성 짜증, 급격한 체력 저하. 아기의 존재만으로 이 상태가 지속됐다.

이렇게 지쳐 있을 때에는 사람들의 작은 말에도 상처를 받곤 했다. 가끔 만나는 어른들께서 "피곤하면 무조건 쉬어라. 다 내려놓고 쉬면서 하라"고 하셨다. 위로가 되기는커녕 말문이 막혔다. 혼자 젖먹이 아기를 키우고 있는데 어떻게 쉬고 또 어떻게 잘 수 있다는 말인가. 그 역시 나를 걱정해주시는 말씀이라고, 감사하게 생각하자고 마음을 비우기까지 일 년이 넘는 시간이 걸렸다.

## 얄미운 육아 분담

 가끔 육아휴직 중인 나를 보고 "일 안 하고 쉬니 좋겠다"고 말하는 사람들이 있었다. 별말 아니었지만 속이 뒤집혔다. 아주 잠깐씩, 마치 인형 놀이를 하듯이 아기를 보고 즐거워하는 사람들의 모습이 얄밉기도 했다. 나는 아기 보랴, 밥 먹으랴 자리에 앉지도 못하고 정신이 하나도 없는데 그 옆에서 아기 사진을 찍으며 즐거워할 때면 나 혼자만 보이지 않는 투명한 통에 갇혀 소외되는 것 같았다. 한번은 시댁의 먼 친척들이 모여 식사를 하는데 딱 한 분이 내게 "아기 내가 봐줄 테니까 앉아서 밥 좀 먹으라"고 해주셨다. 고개가 저절로 숙여지며 두고두고 감사한 생각이 들었다.

 잘 거 다 자고 먹을 것도 다 먹으며 퇴근하고 겨우 3~4시간만 아기와 만나면 되는 남편이 밖에서는 아기가 이랬다, 저랬다 하며 입에 침이 마르도록 자랑을 하는 것도 듣기 싫었다. 자기가 뭘 안다고. 고생은 나 혼자 하는데 꼭 자기가 아기를 다 본 것처럼 생색을 내는 것 같았다. 이 정도로 내 마음은 꼬일 대로 꼬여 있었다.

사실 남편은 왕복 3~4시간이 넘는 출퇴근 생활을 하면서도 집에 와서 엉덩이 한 번 제대로 못 붙일 정도로 집안일을 하고 아기를 봐주었다. 하지만 태생적으로 주어진 역할 자체가 너무 차이가 났기 때문일까. 내가 아기를 키우느라 배를 곯아가며 좀비 같은 몰골로 변해가는 동안, 남편이 해준 일은 기껏 젖병을 닦아주거나 기저귀를 갈아주는 것이 전부였다.

아기를 두고 느끼는 부담의 크기도 전혀 달라 보였다. 아기가 몸이 좀 불편해 보이거나 평소보다 더 떼를 쓰면 나는 '내가 뭘 잘못했나?', '대체 뭐 때문에 이러는 걸까?' 하며 머릿속이 새카매지는데 남편은 늘 한마디로 상황을 정리하곤 했다. "애들은 다 그래." 콧물을 줄줄 흘리는 아기를 보며 내가 마음 아파하면 "감기 좀 걸려 봐야 면역력이 생겨"라고 하고, 아기가 떼를 너무 써서 힘들었다고 토로하면 "내일은 안 그러겠지"로 끝났다. 지금에 와서 생각하면 남편이 그렇게 중심을 잃지 않고 듬직하게 버텨준 것이 고맙기도 하다. 하지만 당시에는 내 고통이 공감받지 못하는 것 같아 답답하고, 아기를 향한 책임감의 크기와 종류가 서로 너무나 다르다는 걸 실감하게 되어 힘들었다.

실제로 아기와 관련된 모든 일에 있어 그 권한과 책임은 전적으로 엄마인 내 몫이었다. 언제 기저귀를 갈아야 할지, 어떤 옷을 입혀야 할지, 심지어 당장 물을 먹일지 말지도 엄마가 결정해줘야 했다. 만날 똑같은 자리에 놔두는 아기용품들을 어쩜 그렇게 일일이 쓸 때마다 물어보는지, 또 내복 바지는 어째서 항상 거꾸로 입히는지(이 점은 아직도 적응이 안 되고 답답하다). 하긴 안경이 없으면 한 치 앞도 볼 수 없으면서도 아침마다 내게 자기 안경이 어디 있는지를 묻는 사람이니, 육아 분담은커녕 아이를 둘 키우는 것이나 다름없이 느껴질 때도 많았다.

사실 엄마와 아빠는 아이와 함께하는 물리적 시간만 따져 봐도 너무 큰 차이가 난다. 육아정책연구소의 2012년 보고서에 따르면 자녀 양육에 할애하는 평균 시간이 엄마의 경우 주중 662분(약 11시간 2분), 주말 672.5분(약 11시간 12분)인 반면 아빠의 경우 주중 95.1분(1시간 35분), 주말 216.6분(3시간 36분)으로 조사됐다. 벌써 몇 년 전 통계이니 그사이 아빠의 육아 참여 시간이 몇 분 정도씩은 더 늘었을 수도 있겠다. 그렇다 해도 여전히 아빠의 육아 시간은 턱없이 부족하다. 당시 조사에 응했던 995명의 아빠들은 "시간이 되는 범위 내에서 자발적으로(46.9퍼센트)", "도움을 청할 경우(35.5퍼센트)"에 육아에 참여한다고 했다. 개인적 약속이나 활동을 포기하면서까지 적극적으로 참여하는 경우는 4.7퍼센트에 불과했다.[5] 하지만 엄마들에게는 선택의 여지가 없다.

이처럼 육아 분담이 전혀 안 이뤄지는 상황에서 아이를 오롯이 책임지고 있다는 부담은 곧 외로움의 근원이 되었다. 못 먹고 못 자서 몸이 힘든 것과 별개로 어디 하나 기댈 곳 없는 마음이 진심으로 외로웠다. 아이를 통해 얻는 즐거움과 기쁨만큼 근심과 걱정도 쌓여갔다. 내 감정이 온전히 내 것이 아닌 것 같았다. 그런데 아무도 내 감정을 이해하지 못했다. 내 상황을 객관적으로 이해하고 공감해주는 것이 아니라 그저 "아이 낳고 호르몬 변화 때문에 그렇다"는 식의 말을 들을 때에도 섭섭했다.

  내 말과 행동, 표정까지 아기의 정서에 영향을 끼친다고 생각하니 더 괴로웠다. 아기가 너무 심하게 울어서 가끔 나도 화를 참지 못하고 빽 소리를 지를 때가 있었는데 그러고 나서 아기가 평소와는 살짝 다른 행동을 한다거나 더 많이 울기라도 하면 '아까 내가 화를 내서 아기가 불안해하나?' 하는 생각에 마음이 아팠다. 마치 이 아이의 정서에 중대한 문제가 생겨버린 것처럼 죄책감이 부풀어 올랐다. 저 어린 것이 운다고 그걸 못 참고 소리나 지르는 엄마라니, 아이의 성격에 혹시라도 모난 점이 생긴다면 모두 내 탓일 것만 같아 자책으로 나 자신을 옭아맸다. 그럴수록 더욱 화가 나고 괴로웠다.

## 엄마들의 개미지옥, 육아 커뮤니티

사람들을 직접 만나지 못하다 보니 점점 내 세상은 인터넷 속 육아 커뮤니티로 좁혀졌다. '중독'이라는 단어가 무색할 만큼 육아 커뮤니티의 세상에 빠져들었다. 회사 동료나 취재원들이 주로 연결돼 있는 페이스북은 더 이상 공감할 내용이 없었고, 오히려 위화감마저 들었다. 다들 뉴스의 현장에서 발 빠르게 움직였고, 동기는 물론이고 후배들까지 나보다 한참은 더 앞서가 있는 것 같았다. 맛집, 여행, 취미 생활. 이런 것들도 내게는 언감생심이었다.

점점 엄마들의 공간인 육아 커뮤니티가 편하고 익숙하게 느껴졌다. 회원 수가 240만 명이 넘는 한 육아 커뮤니티에는 하루에 무려 1만 건 이상의 새 글이 올라온다. 어떤 날은 이 카페에 올라오는 모든 글들의 제목을 훑기도 했다. 즐겨찾기를 해둔 내 또래 커뮤니티나 지역맘들의 수다 공간에 올라온 글들은 업데이트 속도보다 내

나만 외딴 섬에 버려져 있는 게 아니라는 것,
누군가가 이 순간, 어디에선가 이렇게 나와 비슷하게 살고 있다는
사실을 알게 되는 것만으로 엄청난 위로가 됐다.

읽는 속도가 훨씬 빨랐다. 웬만하면 휴대전화를 손에서 놓지 않았고, 휴대전화가 손에 있을 때마다 육아 커뮤니티에 로그인했다. 물론 가끔 쏠쏠한 육아 정보들도 접할 수 있었지만 모든 글들이 그렇게까지 집착하면서 들여다볼 만한 내용이거나 단 한 순간도 놓치지 말아야 할 대단한 정보인 것은 아니었다.

그렇지만 빠져들 수밖에 없었다. 나만 외딴 섬에 버려져 있는 게 아니라는 점, 누군가가 이 순간, 어디에선가 이렇게 나와 비슷하게 살고 있다는 사실을 알게 되는 것만으로 엄청난 위로가 됐다. 별 시답잖은 짤막한 글에 나도 모르게 혀를 끌끌 차면서 '아, 나만 이렇게 힘든 게 아니구나' 하며 위안을 삼았다.

어느새 나는 육아 커뮤니티에 글도 끼적여보고 댓글로 다른 엄마들을 위로하며 대화를 나누기도 했다. 육아 커뮤니티 안에서의 등급도 성큼성큼 올라갔다. 그 자체가 즐거웠다. 육아 커뮤니티는 어느새 내 생활에서 큰 비중을 차지하게 되었다. 아기에게 스마트폰이 좋지 않고, 출산 이후 약해진 손목으로 종일 스마트폰을 들고 있는 게 얼마나 큰 무리가 되는지도 잘 알았지만 스마트폰을 절대 내려놓을 수 없었다. 모유수유를 하는 시간은 오히려 가장 편하게 스마트폰에 집중할 수 있어 좋았다.

## 백화점 커피 한 잔의 해방감

아기가 태어나고 다섯 달 동안 꼬박 멀뚱히 눈만 뜨고 있는 아기와 씨름을 하다가 두 달 동안 드디어 '친정 찬스'를 누릴 기회가 왔다. 아기와 나, 단 둘이 14시간 동안 비행기를 타고 친정 가족들을 만나러 갔다. 꿈같은 두 달을 만끽하고 다시 혼자만의 섬으로 돌아온 즈음, 아기가 뒤집고 움직이기 시작하면서 또 새로운 차원의 힘듦이 찾아왔다. 아기는 자기가 내킬 때마다 집 안을 휘젓고 다니며 정신을 쏙 빼놓다가 이내 내게 다가와 안아달라고 조르기를 반복했다.

지난 두 달, 오랜만에 만난 친정엄마와 아빠, 동생들의 도움을 받으니 그간 독박육아로 쌓인 설움이 좀 씻겨지는가 싶었는데 다시 혼자가 되고 보니 곱절은 더 힘들었다. 아기 역시 온종일 발이 땅에 닿을 새 없이 외가 식구들에게 온갖 사랑과 귀여움을 받다가 다시 엄마와 단 둘이 썰렁한 집에 남으니 모든 게 생경했을 것이다. 그래서였을까. 이때부터 아기는 이유를 알 수 없는 보채기를 멈추지 않았다. 어떤 때는 정말 숨 쉴 틈조차 안 주는 것 같았다. 부쩍 무거워진 아기는 이제 내내 안고 있기도 힘들었다. 말귀를 알아듣는 것 같긴 하지만 그렇다고 시원하게 말이 통하는 것은 아니니 더욱 답답했다.

느긋하게 아기만 바라보며 쫓아다니기만 하면 되었다면 그나마 나았을 것이다. 그런데 아기가 기어 다니는 바닥에 소복이 쌓여 있는 먼지, 싱크대에 놓인 설거짓감이 왜 그리 거슬리는지. 아무것도 안 하고 아기만 볼 수 있는 상황이 아니니 결국 한계에 이를 수밖에 없었다. 왜 그리 우는지 도저히 알 수 없는 아기를 놔두고 침대로 와 이불을 푹 뒤집어쓰고 소리를 질렀다.

아기가 7개월이던 그 무렵, 내 외로움은 절정으로 치달았다. 신생아 시절보다 1~2시간은 더 잘 수 있었지만 여전히 숙면과는 거리가 멀었고, 그렇게 잠을 제대로 못 자 늘 피곤하고 예민한 상태에서 무조건 일어서서 아기를 안고 걸어야 했다. 체력과 인내심은 곧 바닥이 났고 우리의 외로움을 달래줄 사람은 아무도 없었다. 아파트 베란다에서 내다보이는 바깥세상은 개미 한 마리도 없는 듯 적막하기만 했다.

소심한 성격이라 누군가에게 만나자고 할 때에도 큰 용기가 필요했다. 친구들은 아직 태반이 결혼을 안 했고, 아이가 있는 가장 친한 친구는 너무 멀리 살았다. 그러던 어느 날 내 딴에는 엄청난 용기를 내어 산후조리원 동기들이 모인 단체 채팅방에 문자를 보냈다. "혹시 오늘 저처럼 외로우신 분, 계신가요?" 워낙 다들 바쁜 엄마들이어서 큰 기대는 안 했지만 그래도 우리 집과 가장 가까이 살고 집에 제일 많이 있는 아기 엄마의 답을 내심 기다렸다. 그런데 그 아기 엄마가 가장 먼저 "저는 오늘 친정가요"라고 답을 했다. 용기의 결실이 없어서 속상했고, 하필 그녀의 목적지가 친정이라는 사실이 나를 더 비참하게 했다.

 이불 속에서 소리 지르기를 몇 번 하고 나니 무슨 큰일이라도 날 것만 같았다. 어서 빨리 이 외로운 섬에서 벗어나야 했다. 무작정 아기띠를 매고 동네 가까이 있는 백화점에 갔다. 살 물건이 있는 것도, 만날 사람이 있는 것도 아니었지만 무엇보다도 그곳에는 사람들이 많이 있었다. 특히 나 같은 아기 엄마들이 많았다. 평일 점심시간 이후, 특히 오후 3~4시쯤 백화점은 유모차와 아기띠 군단으로 붐볐다. 주차도 편하고, 먹고 마실 것들이 충분하고, 특히 유아 휴게실이 잘 갖춰져 있는 백화점이나 쇼핑몰, 마트는 엄마들에게 최적화된 공간이었다.

 무엇보다 그곳에는 내가 좋아하는 커피가 있었다. 돈을 내고 커피 한 잔을 사 마시는 그 사소한 과정을 통해 내가 살아 있음을 느낄 수 있었다. 커피 한 잔을 들고 1층부터 아기 휴게실이 있는 5층까지 구경을 다니다 보면 운동도 됐다. 아기 휴게실에 가서 수유를 하거나

백화점에는 많은 사람들이,
무엇보다 내가 좋아하는 커피가 있었다.
돈을 내고 커피 한 잔을 사 마시는 그 사소한 과정이
내가 살아 있음을 느끼게 해주었다.

기저귀를 갈면서 쉴 수도 있었다. 배가 고파지면 마치 회사 구내식당을 이용하듯이 자연스럽게 푸드코트에 가서 밥도 사 먹었다.

　신기하게도 아기 역시 많은 사람들 속에 있을 때에는 집에서와는 달리 너무 얌전했다. 내 품에 안겨 있다가 졸리면 알아서 잤고, 일어나서는 사람 구경을 하며 방긋거렸다. 밖에서 만나는 사람마다 아기를 보고 '순하다'를 연발했다. 외출을 하는 동안만큼은 아기도, 나도 즐겁고 편했다. 그야말로 내게는 최고의 장소였다.

### 중고 거래하며 굳이 배달까지 자처한 이유

아기가 8개월쯤 되었을 무렵 슬슬 복직할 일이 걱정되기 시작했다. 나를 붙잡고 놓아주지 않는 아기를 두고 복직할 생각을 하니 그 자체로 막막했다. '아기를 남의 손에 맡겨도 괜찮을까?', '과연 예전의 나로 돌아갈 수 있을까?' 하는 생각에 절망만 쌓여갔다. 시도 때도 없이 '회사를 그만둬야 하나?' 하고 생각했다. 아기를 맡길 데가 없는데 갑자기 출장 지시를 받거나, 집에서 완전히 반대 방향에 있는 출입처로 나가라는 지시를 받는 등의 꿈을 수도 없이 꿨다. 하루는 잠이 들기 전 남편에게 나지막이 말했다. "내가 이 세상에서 없어졌으면 좋겠어……."

　왜 그런 말이 튀어나왔을까? 예전에는 사랑하는 자식을 두고 세상을 등지는 엄마들의 심정을 상상조차 할 수 없었는데, 이제 이런 감정들이 아무렇지도 않게 나를 불쑥 덮치고 있었다. 당시 남편은 내색은 하지 않았지만 적잖은 충격을 받은 모양이었다. 다음날 온종일 해결책을 고심한 남편이 말했다. 일주일에 한두 번이라도 백화점 문화센터 같은 곳을 다녀보라는 것이다. 회사의 선배 아빠들의 조언에 따르면 아기도 이제 좀 컸고 집에만 있으면 심심할 수 있으니 정기적인 외출의 빌미를 만들어 새로운 경험도 해보라는 것이었다.

그렇게 아기가 9개월이 되던 무렵부터 공식적인 외부 일정을 갖기 시작했다. 일주일에 한두 번은 부족하다고 생각해 아예 매일 나갈 수 있는 문화센터 프로그램을 선택했다. 그렇게 나를 괴롭히던 극심한 우울감을 조금씩 털어낼 수 있었다. 그곳에서 내 아기와 비슷한 시기에 태어난 또래 아기들을 만나고 엄마들과 소소한 대화를 나누는 시간이 주는 행복은 기대 이상이었다. 수업을 들은 지 몇 주쯤 지나자 같은 반 엄마가 신발을 신으려는 내게 "차 한잔 하실래요?"라고 물었다. 내가 지난 몇 주 동안 망설이던 말이기도 했다. 정말 마음을 다해 고마웠다.

좀 지나서는 지역 카페에 올라온 동네 엄마들의 '번개' 글에 댓글을 달아 참여도 해보고, 카페 벼룩시장에서 아기 장난감 직거래를 하며 모르는 엄마들을 잠깐씩 만나기도 했다. 중고 거래를 할 때에는 보통 판매자가 거주하는 지역으로 구매자를 오게 하면 그만인데 나는 굳이 차를 몰고 직접 배달까지 해주었다. 그렇게 하면 외출할 핑계를 만들 수도 있었고, 1~2시간이 맘 편히 지나갔기 때문이었다. 그만큼 누군가를 만나고 싶었고 다시는 외로움을 겪고 싶지 않았다. 기회가 닿는 대로 움직이고 조리원 동기들과도 더 자주 연락하고 만났다. 아기 엄마이기만 하면 나이든 뭐든 상관없이 다 친구가 되고 싶었다. 그리고 그 과정이 즐거웠다.

  육아정책연구소에서 엄마들 1,000명에게 양육 스트레스를 어떻게 해소하는지 물었다. 절반 이상이 '자녀 또래 부모나 친구들과의 모임(54.7퍼센트)'을 꼽았다. 그런데 바로 다음 순위가 '스트레스 해소 방법 없음(22.7퍼센트)'이었다. 이게 현실이다. 기어코 애를 안고 나가서 밖에서 차를 마시고 밥을 먹는 것, 애들을 주렁주렁 달고 나온 아이 엄마들이 식당에서 밥을 먹는 것. 그것은 살기 위해서다. 아이를 집에 혼자 두고 나갈 수는 없고, 또 엄마들 외에는 쉽게 만날 사람도 없으니 동병상련의 엄마들끼리 만나 수다를 떠는 것이 최고의 스트레스 해소 방법인 것이다. 엄마들 가운데에는 개인 여가 시간(11.0퍼센트)을 갖거나 산책·운동 등 신체 활동(8.0퍼센트) 등을 하는 경우도 더러 있지만, 이 역시 독박육아를 하는 엄마들에게는 꿈같은 말이다.6 아이를 태운 유모차를 밀고 아파트 주변을 몇 바퀴 도는 것이 곧 산책이자 운동이고, '여가'라는 말은 아예 잊어버린 지 오래다. 누군가의 도움과 희생 없이 나를 찾는 것은 엄두를 낼 수 없는 것이 바로 육아의 현실이었다.

## 잠깐 아기 봐줄 사람 없는 서러움

독박육아가 어려운 이유는 비단 외로움뿐만이 아니었다. 하루 24시간 시시때때로 육아 지원군이 간절한 순간들이 수없이 찾아왔다.

아기가 8개월쯤 됐을 때다. 하루는 남편의 퇴근 시간에 맞춰 아기를 안고 외출했다. 평일 저녁이었지만 정말 오랜만에 나들이 기분을 냈다. 근처 유원지에서 바람도 쐬고 한껏 들떠 기분 전환을 했다. 그런데 길거리에서 팔던 아이스크림이 화근이었다. 밤새 극심한 복통으로 구토와 설사를 반복했다. 급성 장염이었다. 밤새 화장실 입구에 쓰러져 꼼짝도 할 수 없었다. 그 와중에도 아기는 수시로 깨서 젖을 찾았다. 화장실 문 앞에 늘어져 있다가 우는 아기의 소리가 들리면 얼른 쫓아가서 젖을 먹였다. 내 몸의 힘은 오로지 아기가 울 때만 나왔다. 남편이 잠을 못 잘까 봐 말도 못하고 밖에서만 혼자 끙끙댔다. 결국 상황이 심각해지자 남편이 하루 휴가를 냈다. 날이 밝았지만 병원에 갈 힘이 없어 침대에 누워 있다가 때가 되면 아기에게 모유수유를 했다. 먹은 것도 없이. 오후에 겨우 정신을 차리고 동네 병원에 갔다. 수액 주사를 맞아야 하는데 아기가 또 보챘다. 하는 수 없이 주사실 침대에서 수액을 맞으며 모유수유를 했다.

그다음 일주일은 어떻게 지나갔는지도 모르겠다. 모유수유를 하려면 뭐라도 먹어야 한다는 생각에 물만 겨우 삼켰다. 죽을 먹을 수 있게 되었을 때 집 근처 죽집에 전화했는데 배달을 안 해준다고 했다. 며칠을 물에 맨밥을 끓여 넘겼다. 그렇게라도 먹어야 했던 이유는 단 하나, 모유수유를 하기 위해서였다. 덕분에 출산 후에도 남아 있던 살이 그 일주일 동안 쫙 빠졌지만, 아직도 서러움이 남아 있다. 배달 광고를 했으면서 1인분 배달은 거부한 그 동네 죽집은 이후로 다시는 찾지 않는다.

겪어 보니 육아가 가장 견디기 힘들고 서러울 때는 바로 몸이 아플 때였다. 엄마들끼리 "엄마는 아프지도 말아야 한다"며 자조 섞인 위로를 주고받는데, 그 말에 100퍼센트 공감한다. 엄마는 쉴 수도, 휴가를 낼 수도 없다. 특히 독박육아를 하는 엄마가 아프면 아기는 물론이고 온 집안이 마비가 된다. 그러니 무슨 수를 써서라도 아프지 않아야 한다.

**아기와 단 둘이 병원 가기**

출산한 뒤 한 달 반쯤 지났을까, 산후 검진을 위해 산부인과에 가야 했다. 하지만 한 달 남짓 된 아기도 함께 데려 가려니 막막함뿐이었다. 검진 날 며칠 전부터 온갖 고민이 시작됐다. 택시는 집 앞까지 오는 콜택시로 타야 할까? 버스도 위험할 것 같은데. 이런 고민을 하고 있는 자체가 서글펐지만 일단 부딪혀보기로 했다. 겨울철 찬바람을 막아줄 겉싸개로 아기를 단단히 싸맨 뒤 혹시나 놓칠까 하여 온 힘을 다해 안았다. 양손이 자유로운 배낭을 메고 양쪽 주머니에 신용카드, 비상 현금, 진료카드 등을 모두 집어넣었다. 택시 문을 열고 앉자 마치 게임에서 첫 번째 레벨을 달성한 것 같은 기분이 들었다.

산부인과에 도착해 아기를 안고 의사 선생님과 상담을 했다. 하지만 검사를 하려면 아기를 내려놔야 했다. 혼자 왔다고, 죄송하지만 아기 좀 잠깐 봐주실 수 있느냐고 했더니 흔쾌히 간호사가 아기를 안아주었다. 그런데 곧바로 아기가 울음을 터뜨렸다. 아기가 걱정되는 것보다 간호사에게 미안함이 앞섰다. 허겁지겁 진료를 마치고 도망치듯 빠져나왔다.

바로 옆 건물로 연결돼 있는 소아청소년과 병원 휴게실에서 아기를 진정시켰다. 모유를 조금 먹이고서 기저귀를 갈아주려고 눕혔다. 그런데 기저귀를 빼는 순간 아기가 요란하게 변을 보기 시작했다. 순식간에 아기가 입고 있던 옷과 누워 있던 곳까지 변이 흘렀다. 악, 그걸 멈추게 할 수도 없고 정말 너무 난감했다. 하필이면 초보 엄마답게 여벌 옷 따윈 챙기지도 않았다. 게다가 아직 바람이 차

디찬 2월. 똥이 묻은 옷이라도 물티슈로 대충 닦아 입혀서 가야 하는 걸까, 아니면 옷을 벗겨야 할까. 병원 바로 앞에 아기 옷을 파는 매장이 있긴 한데 거기까지 나가는 것도 문제였다. 간호사실에서 속싸개라도 빌릴 수 있지 않을까 생각했지만 아기를 혼자 눕혀두고 간호사실까지 가기도 곤란했다. 발만 동동 구르며 휴게실에 누구라도 들어와주면 좋겠다고 간절히 바랐지만, 야속하게도 평소에는 앉을 자리도 없던 수유실에 그날따라 아무도 들어오지 않았다. 아기를 바라보며 한참 동안 머리를 굴렸다.

일단 아기 옷을 벗긴 후 기저귀만 찬 채 발가벗고 있는 아기를 아기띠용 신생아 패드 안에 쏙 넣었다. 그 상태에서 내가 입고 있던 오리털 점퍼로 아기를 감쌌다. 이렇게 안고 나가서 병원 앞에서 옷을 사 입히자는 심산이었다. 그런데 병원 입구로 내려가자마자 택시가 보였다. 옷을 사서 다시 병원에 와 입히느니 택시를 타고 곧장 집으로 가는 것이 편이 낫겠다는 판단이 섰다. 그렇게 우여곡절 끝에 집에 도착하고 나니 놀란 마음에 머리까지 얼얼했다. 한편으로는 이런 황당하고 어이없는 일을 겪은 것이 우스워 신생아 패드에 알몸으로 누워 있는 아기 모습을 사진으로 기록했다. 도와주는 이 없이 혼자 아기를 키운다는 게 어떤 것인지 절실히 경험한 날이었다.

**급할 때 아기 맡길 곳 어디 없나요?**

아기가 돌을 앞두고 개구쟁이가 되어갈 무렵에는 더 큰 사고도 있었다. 아기 옆에서 소파에 앉아 아무 생각 없이 귀이개를 쓰다가 아기가 넘어지며 그게 내 귓속을 깊이 찔렀다. 순간 극심한 고통에 소리를 빽 질렀다. 정말 놀랐고, 무서웠고, 몹시 아팠다. 허겁지겁 아기 옷부터 챙겨 입히고 함께 병원 응급실로 갔다. 그 사고로 나는 한쪽 귀의 고막이 찢어져 두 달 정도 소리를 잘 들을 수 없었다. 이 이야기를 주변 엄마들에게 하자 모두들 나를 질책했다. 엄마가 조심스럽지 못하게 아이 앞에서 귀이개를 쓰면 어떡하느냐는 거다. 만약 아이가 그걸 보고 따라 하기라도 했으면 더 아찔한 상황일 수도 있었다면서. 하긴 나 역시 일이 터진 순간, 그래도 아기는 무사하니 다행이라고 생각했다.

아무튼 독박육아에 익숙해져 웬만한 일에는 눈도 꿈쩍 안 하게 된 나였지만 이런 아찔한 순간까지 겪을 때면 여전히 친정엄마 혹은 그 누군가와 함께 육아를 하고 있는 아기 엄마들이 부럽기만 했다. 나는 무슨 일을 하든 혼자 하다 보니 나도 모르게 긴장하고 몸을 움츠리게 될 때가 많은데 친정엄마와 같은 든든한 육아 지원군과 함께하는 아기 엄마들은 표정부터가 한결 여유롭다. 이사할 때도 온종일 아기를 안고 짐 정리를 해야 했던 나와는 전혀 다른 세상을 살고 있는 것 같은 그 모습이 부러워 수유실에서 조용히 눈물을 흘린 적도 있다.

이 시기 내 감정은 멀쩡하다가도 누군가의 말 한마디에 툭 터질 정도로 민감했다. 혼자서 아기는 물론 온갖 짐을 바리바리 싸들고 다니는 나를 본 아주머니들이 "아이고, 혼자 다녀서 힘들겠다"라거나 "혼자 다니니 그렇게 짐이 무거울 수밖에 없겠다" 등의 말을 할 때에는 이런 내 처지와 어려움을 알아주는 사람이 있다는 것만으로도 말할 수 없이 고마우면서도 동시에 엄마 없는 고아라도 된 것처럼 괜한 서러움이 복받쳐 오르기도 했다.

육아정책연구소의 2012년 설문조사에 따르면 부모 외 자녀를 정기적으로 돌봐주는 사람이 있느냐는 조사에서 79.2퍼센트가 "없다"고 답했다. 자녀를 돌봐주는 사람은 친조부모(48.1퍼센트)와 외조부모(47.1퍼센트)가 압도적으로 많았고, 기타 친인척 7.2퍼센트, 비(非)혈연 인력 5.8퍼센트 등의 순이었다. 아기 엄마가 취업 중일 경우에도 정기적으로 아기를 돌봐주는 사람이 있는 경우는 겨우 절반이 넘었다(52.5퍼센트). 일을 그만두었거나 취업한 적이 아예 없는 엄마들의 경우 돌봐주는 사람이 없는 경우가 각각 91.2퍼센트, 87.9퍼센트였다. 특히 급한 일이 생길 경우 자녀 양육을 도와줄 수 있는 사람은 남편(65.1퍼센트)이 가장 많았고 외조부모(36.8퍼센트), 친조부모(33.3퍼센트), 이웃이나 친구(14.7퍼센트) 등으로 조사됐다. 도와줄 수 있는 사람이 없는 경우도 4.4퍼센트였다(다중 응답 결과).[7]

통계에서도 알 수 있듯이 엄마들은 여전히 혼자다. 나같이 도움 받을 곳이 하나도 없어 잠깐도 아기를 맡길 데가 없는 4.4퍼센트에 속하는 엄마들도 적지 않을 것이다. 육아 커뮤니티에서조차 육아에 도움을 주는 사람이 없어 힘이 든다는 글에 "자식은 엄마가 봐야 한다", "부모님에게 기대지 말라"는 날카로운 답변이 달리곤 하지만, 도움을 받는다는 것이 곧 내 자식을 남에게 맡긴다는 뜻은 아니다. 아기를 키우다 보면 혼자 힘으로는 버거운 순간, 생각지도 못한 돌발상황에 난감한 경우가 한두 번이 아니다. 단 10분도 다른 사람에게 아이를 맡길 처지가 못 되는 엄마들에게는 '수시 육아 지원군'이 절실하다.

## 만나기도 힘들고, 만나도 어려운 육아 전문가

세 자매 중 맏이로 태어나 어쩌다 보니 대학 입시에 취업, 결혼, 출산까지 또래들보다 반 박자 정도 빨랐다. 그러다 보니 늘 무언가를 먼저, 혼자 해내는 것에 익숙했다. 그렇다고 아기를 품고 낳고 기르는 일까지 혼자 하게 될 줄은 몰랐다. 강아지도 한 마리 안 키워본 내가 갑자기 핏덩이 같은 작은 한 인간을 책임져야 하다니. 누구보다도 스스로 나 자신의 무지함을 잘 알고 있었고, 이는 곧 막막함을 넘어 두려움이 되었다.

내가 처음부터 엄마이지는 않았으니 아무것도 모르는 게 당연했다. 하지만 늘 불안했다. 엄마의 무지로 인한 잘못된 선택이 신생아에게 나쁜 영향을 주면 어떡하나. 이런 생각으로 나는 늘 안절부절못하고, 노심초사했다. '내 불안한 표정, 말 한마디까지 모두 아기에게 영향을 주는 것은 아닐까?', '아기가 이 개월 수에 이 정도의 움직임을 보이는 것이 맞을까?', '이유식을 왜 이렇게 안 먹을까?', '이래도 아기의 영양 상태에 지장은 없을까?' 가뜩이나 잔뜩 움츠러든 초짜 엄마에게 대범함 따위는 없었다. 내 머릿속은 늘 의문투성이였다.

그럴 때마다 위안이 되어준 곳은 바로 인터넷 육아 커뮤니티뿐이었다. 질문을 올리지 않고 검색만 해도 대충 필요한 정보를 충분히 얻을 수 있었다. 가장 먼저 검색해본 것은 '신생아 눈 맞춤'이었다. 언제 아기가 나를 바라봐주는지 너무 궁금했다. 그다음은 '모유수유'와 관련된 각종 질문과 고충들. 돌이 가까워질 무렵에는 '안 먹는 아기', '이유식 잘 먹이는 방법' 등을 숱하게 찾아봤다. 그럴 때마다 육아 커뮤니티에서는 수많은 엄마들의 경험담이 쏟아져 나왔다. 물론 그것을 모두 정답이라고 할 수는 없었지만, 다른 엄마들도 이미 나와 비슷한 궁금증과 고민을 경험했다는 사실만으로도 조금이나마 불안감이 해소된 기분이었다.

육아정책연구소가 2013년 발간한 '영유아 부모의 육아 정보 이용 실태 및 활용 지원 방안' 보고서에도 영유아 부모들이 육아 정보를 찾을 때 주로 이용하는 매체가 퍼스널 미디어(포털·온라인 커뮤니티·SNS)가 59퍼센트로 가장 많았다고 조사됐다. 그다음으로 지인(20퍼센트), 기관(16.4퍼센트), 매스미디어(4.6퍼센트) 순이었다.[8] 이처럼 육아에 관한 궁금증이나 어려움이 있을 때 엄마들이 전문가와 소통할 수 있는 통로가 많지 않다는 사실이 이 보고서에서 여실히 드러난다. 특히 아기가 어릴수록 엄마도 외출이 힘들어지니 스마트폰을 붙잡고 있을 수밖에 없다. 보고서에 따르면 자녀들의 연령이 높아질수록 퍼스널 미디어를 통한 정보 습득은 점차 줄고, 지인과 기관을 통한 정보 습득이 늘어난다고 한다.

 내게 돌 전 아기를 키우며 만날 수 있는 전문가는 의사가 유일했다. 하지만 병원은 늘 거리감이 느껴졌다. 초보 엄마인 나야 모든 것이 궁금하고 물어볼 것투성이였지만 의사 선생님 입장에서는 그런 엄마들을 하루에도 수도 없이 만나니 지루하고 때로는 성가스럽기도 할 것이다. 엄마인 내가 궁금해하고 걱정하는 것들이 의사들에게는 너무 아무렇지도 않게 '별거 아닌 일'이었다. 그 괴리감은 생후 엿새된 아기를 안고 소아청소년과 병원에 갔을 때부터 느꼈다. 발바닥에 채혈을 하자 그렇지 않아도 빨간 핏덩이 같은 아기 얼굴이 더욱 빨개지며 자지러질 듯 울었다. 엄마인 나는 혼이 쏙 빠지는 느낌이었는데 의사 선생님은 무채색 얼굴로 너무나 무뚝뚝했다. 하도 정신이 없어 물어보려고 벼르고 있었던 아기 황달 증상에 대해서는 말도 못 꺼내고 나왔다. 괜찮겠지, 하며 애써 마음을 달랬는데 2주쯤 뒤 아기 얼굴이 더욱 샛노랗게 변하자 기껏 병원까지 가서 의사한테 그거 하나 물어보지 못한 내가 바보 엄마라며 며칠을 자책했다. 그 뒤로는 소아과에 갈 일이 생기면 사소한 것이라도 궁금한 내용은 꼭 메모하는 버릇이 생겼다. 극성맞고 유난스러운 엄마라고 할지 모르지만 내가 만날 수 있는 전문가는 의사가 유일하니 어떻게든 붙잡고 매달려야 했다.

실은 나와 아기에게 잘 맞는 병원을 찾는 데에도 거의 1년 가까이 걸렸다. 동네에 유명한 소아과가 몇 군데 있지만 그런 곳은 몇 시간 전부터 대기를 걸어둬야 했다. 게다가 그런 유명한 곳일수록 정작 진료 시간은 10분도 채 안 됐다. 아기가 6개월이 되기 전 처음 영유아검진을 예약하려고 보니 이미 몇몇 병원은 무려 1년치 예약이 꽉 차 있기까지 했다. "저출산 국가라더니 도대체 영유아검진 하나 예약하기가 이렇게 어렵냐"며 구시렁댔다. 예방접종을 하려면 한두 달 전 날짜를 잡아야 하고 아기가 갑자기 감기 기운이 있어 급히 병원에 가면 두어 시간은 족히 대기해야 했다.

동네에서 유명하다는 의사들을 여럿 만나보았는데 어떤 곳은 과잉진료를 하는 게 아닌가 의심이 들기도 했고, 또 어떤 곳은 너무 성의 없이 봐준다는 생각이 들었다. 4개월쯤 아기가 감기에 걸렸는지 콧물을 많이 흘려 동네에서 인기 있는 소아과에 데려갔다. 그런데 의사는 콧물은 별거 아니라는 식이고 대뜸 "양쪽 눈 크기가 다르다"면서 "안면신경마비나 시신경마비일 수 있으니 크면 대학병원에나 가보라"고 정말 아무렇지도 않게 말했다. '마비'라는 단어가 주는 공포감 탓에 나는 병원에서 나오자마자 눈물을 질질 짜며 남편에게 전화를 했다. 그러나 나중에 자세히 알아보니 아기의 눈에는 전혀 문제가 없고, 크기도 별 차이가 없었다. 사실 사람들 대부분 눈이 어느 정도는 짝짝이인 것 아닌가? 아무튼 그 며칠 마음을 졸였던 생각을 하면 황당할 정도다. 한동안 그 병원에는 발길을 끊었다가 몇 달 뒤 또 찾았다. 이유는 집과 거리가 가까워서였다. 아기가 기침을 조금 하던 중이었는데 이번에는 그 의사가 급성 폐렴이 의심된다고 했다. 엑스레이나 정밀 검사 같은 것도 없이 그냥 청진기 한 번에 나온 진단이었다. 다른 병원에 다시 가보았더니 약한 감기 기운이라며 약을 처방해준 게 전부였다. 물론 급성 폐렴이 의심된다는 의사의 진단이 맞았을 수도 있다. 하지만 그 말을 들었을 때 엄마의 마음이 어떨지는 아랑곳하지 않고 너무 가볍게 툭툭 말을 내뱉는 그 의사의 태도는 몹시 불편했다.

아기는 100일쯤부터 손과 발의 피부에 문제를 보였다. 다른 피부는 깨끗한데 유독 손바닥과 발바닥에만 살 껍질이 벗겨졌다. 이 증상에 대한 정확한 원인은 두 돌을 넘겨서까지도 알아내지 못했다. 상태가 심각하다며 대학병원에 가보라고 권해준 한 동네 소아과에서는 습진 증상이라고 했고, 대학병원에서는 "아토피 기가 조금 있다"고 했다. 스테로이드 연고 처방이라도 해주는 곳은 그나마 나은 편이었다. "아기 손이 대체 왜 이럴까요?"라고 묻자 한 번 쳐다보지도 않고 "몰라요"라고 답한 피부과 의사도 있었다. 증상의 원인은 물론 보습을 잘 해주어야 할지, 건조하게 해주어야 할지조차 알 수 없었다. 타들어가는 엄마의 심정까지 헤아려주는 병원을 기대한 것 자체가 욕심인지도 모르겠다.

초보 엄마라서 더욱 예민했던 것인지 모르겠지만, 의사들의 말은 언제나 거리감이 느껴졌다. 너무 겁을 줘도, 또 너무 대충 말해줘도 엄마의 가슴은 항상 철렁했다. 하긴 나도 그랬다. 기자라는 직업 특성상 하루에도 100통이 넘는 보도 자료와 각종 홍보 자료를 접하다 보니 그저 제목만 훑어보고 휴지통에 버린 것들도 많았다. 의사들도 비슷할 것이다. 하루에도 수십 명씩 비슷한 증세의 아이들이 몰려오고 가벼운 감기에도 발을 동동 구르며 우는 소리를 하는 엄마들을 만날 테니 그러한 상황에 무심해지는 것이 당연할 것이다. 그렇게 그들의 입장을 머리로는 이해했지만 마음은 늘 아쉽고 섭섭했다. 의사 선생님이 쓰는 단어 하나하나가 초보 엄마들의 마음에 얼마나 깊게 새겨지는지 알아줬으면 하는 아쉬움이 늘 남았다.

## 초보 엄마에게 꼭 필요한 한 가지

이후 동네 근처 소아과 대여섯 군데를 더 전전하다 결국 한곳에 정착했다. 그 결정에는 바로 의사 선생님의 '말'이 가장 크게 작용했다. 특별히 진단을 잘하거나, 약을 빨리 처방해주는 곳도 아니었다. 그저 내가 아기에 대해 걱정하고 조바심을 낼 때 조금이라도 엄마인 내 마음을 다독여주는 병원, "그건 엄마 잘못이 아니에요", "그런 걸로는 아기에게 큰 문제가 생기지 않아요" 하고 위로해주는 병원이어서 좋았다. 의미상으로는 "그거 별거 아니에요"와 비슷한 말이었지만 아이가 아픈 게 엄마 탓인 것만 같아 미안하고 조바심이 드는 그때, 마음이 편안해지는 그 말 한마디를 들을 수 있는 병원이라면 집에서 자동차로 20분 넘게 가야 하고 대기 시간이 30분 이상 걸리는 곳이라도 괜찮았다.

동네마다 병원이 널려 있지만 유독 몇몇 소아과에만 항상 엄마들이 줄지어 찾아가는 것을 보면 아마 다른 엄마들의 생각도 이와 크게 다르지 않을 것이라고 생각한다. 믿을 만한 병원, 의지할 수 있는 의사를 찾기란 쉽지 않다. 아직 한 번도 가보진 않았지만 옆 동네의 가장 인기 있는 병원은 엄마들이 영유아 건강검진 때마다 눈물 바람으로 진료실을 나온다는 이야기를 들었다. 그 의사는 아기를 상담한 뒤 엄마에게 '그동안 얼마나 힘들었느냐', '이렇게 키우느라 고생 많았다'는 말을 해준다고 한다. 지역 육아 커뮤니티에서 이 이야기를 읽기만 하는데도 마음이 울컥했다.

육아 전문가에 대한 갈증이 심했던 까닭에 휴직 기간 중에는 일주일에 한 번 방송되었던 SBS '우리 아이가 달라졌어요'라는 프로그램을 빼놓지 않고 챙겨보곤 했다. 프로그램에 나오는 육아 전문 교수와 박사는 병원이 아닌 곳에서 볼 수 있는 유일한 전문가였다. 아기가 이유식을 심하게 먹지 않을 때에는 나도 이 프로그램에 출연 신청을 해볼까 심각하게 고민했다. 조금 창피할 수도 있겠지만 그럼에도 불구하고 아기의 상황을 짚어보고 싶은 욕구가 더 컸다.

복직을 한 뒤에야 서울시에서 시행하고 있는 '우리동네 보육반장'이라는 프로그램을 알게 됐다. 2013년에 시작된 것으로 25개 자치구에 총 132명의 보육반장이 활동한다고 한다. 구별로 4~8명의 보육반장이 아기를 키우는 엄마들에게 육아 관련 정보를 제공하고 고민 해결이나 상담하는 역할도 한다. 30~60대까지 다양한 연령대의 선배 엄마들이 활동한다. 각 자치구에는 육아종합지원센터도 있다. 우리 동네의 경우 1만 원의 회비를 내면 장난감을 대여하거나 놀이방에서 놀 수 있고, 문화센터와 같은 아기와 함께할 수 있는 프로그램에도 참여할 수 있다. 프로그램이 시작된 지 몇 년 되지 않아서인지 엄마들에게 아직 충분히 알려지지 않은 것이 아쉽지만 이런 식의 육아 길잡이 프로그램들이 좀 더 활성화되면 좋을 것 같다.

'아이 하나를 키우는 데는 마을 전체가 필요하다'는 말처럼 육아에는 항상 주변의 손길이 필요하다. 특히 초보 엄마에게는 제대로 된 정보를 줄 수 있는 사람이 절실하다. 아이를 건강하게 잘 키우고 싶은 마음에 비해 너무 아는 것도 없이 육아를 시작한 것은 두고두고 마음에 걸린다. 내 공부를 하는 것이라면 여러 번 시행착오를 해도 괜찮을 것 같은데, 아이를 두고 겪는 시행착오는 겁이 난다. 누구나 육아 길잡이가 되어주고, 또 누구나 길잡이와 함께 육아를 할 수 있는 길이 활짝 열리기를 간절히 바란다.

## 아기 몸무게는 엄마의 육아 성적표

　잘 안 먹고 잘 안 자는 아기여서인지 유난히 몸무게가 적게 나갔다. 그동안 내게 몸무게란 단순히 살덩이의 무게를 드러내는 숫자에 불과했는데, 아기 몸무게는 마치 내 육아 성적표요, 때마다 받는 영유아 검진은 엄마로서의 내 실력을 검증받는 고시처럼 느껴졌다. 아기의 키와 몸무게, 머리둘레를 재고 육아 정보에 대한 조언을 들으며 10분 안팎이면 끝나는 검진 결과지를 받아들 때면 망친 수능 모의고사 성적표를 받아든 것마냥 참담했다.

　4개월 때 우리 아기는 키가 15퍼센타일, 몸무게 18퍼센타일이었다(100명 중 하위 15등, 18등이라는 말이다). "정상 체중(3.15킬로그램)으로 태어났는데도 작네요"라는 의사 선생님의 말이 비수처럼 가슴에 팍 꽂혔다. 그날 일기에 '충격'이라는 단어와 함께 "(지금까지의 육아가) 완전히 잘못된 것 같아 후회되고 마음이 무겁다"고 적

예방접종을 하러 병원에 갈 때마다
아기를 체중계에 올려놓기가 겁이 났다.
왠지 혼자서만 아이를 보다 보니 제대로 재우지도
먹이지도 못했구나, 하는 자책이 쌓였다.

었다. 가뜩이나 모유 양이 부족하다고 여기고 있었는데 능력 부족인 엄마라는 자책이 더욱 커졌다.

9개월 검진 때는 성적이 더 떨어졌다. '뒤에서 5등'이라는 결과지를 받아들자 손이 부들부들 떨렸다. 이유식을 시작한 뒤여서 조금은 기대를 했던 까닭에 실망이 더 컸다. 키는 5퍼센타일, 몸무게는 12퍼센타일이었다. 의사 선생님이 아기의 몸무게를 늘리기 위한 조언을 해주셨는데 말씀 하나하나가 "엄마가 그동안 뭘 했느냐"고 혼을 내는 걸로 들렸다. 당시 아기의 몸무게는 8킬로그램에서 몇 달이나, 아주 한참 동안 머물렀다.

예방접종을 하러 병원에 갈 때마다 아기를 체중계에 올려놓기가 겁이 났다. 분명 잘 먹고 볼살도 통통하게 오르는 것 같았는데 체중계 눈금은 100그램도 채 늘어 있지 않았다. 비슷한 시기에 태어난 산후조리원 동기 아기들이 쑥쑥 커나가는 것을 보면 마음이 더욱 움츠러들었다. 의사 선생님들은 발달도 빠르고 활동적이며 밤에 잠을 잘 안 자는 아기여서 몸무게가 많이 늘지 못했을 수도 있다며 크게 문제가 될 것은 없다는 반응이었다. 하지만 왠지 혼자서만 아이를 돌보다 보니 제대로 재우지도 먹이지도 못했구나, 하는 자책이 심해졌다.

곰곰이 문제의 원인을 따져보았다. 일단 밤중 수유를 끊지 못해 밤마다 아기가 푹 자지 못하는 것이 가장 큰 문제인 것 같았다. 출산

전 구입한 유명 육아 백과는 이런 문제를 해결하기에 역부족이었다. 책은 두꺼웠지만 내 아기의 월령이나 문제에 해당하는 페이지는 아주 적었기 때문이다. 대신 육아 커뮤니티에 차고 넘치는 선배 엄마들의 정보가 그 공백을 채워주었다. 육아 커뮤니티에서 한 가지 궁금증을 검색하면 수십, 수백 가지 답을 얻을 수 있었다. 글을 올린 사람과 댓글을 올린 사람이 수십, 수백 명에 달했기 때문이다.

하지만 육아 커뮤니티에서 접한 정보들도 좌절감을 주기는 매한가지였다. 난 이미 늦었다는 생각에 열패감만 들었다. 생후 6주부터는 아기에게 밤낮을 가르쳐야 한다, 모유수유에는 일정한 간격이 있어야 한다, 심지어 어떤 아기들은 3개월만 되어도 밤이 되면 아침까지 푹 잔다는 등의 사실을 접하고 몹시 큰 충격을 받았다. 엄마들이 올린 글을 탐독해보니 대부분의 아기들이 이미 6개월 전후면 어느 정도 일정한 패턴에 따라 생활하는 모양이었다. 하지만 나는 우리 아기의 낮잠 시간이 언제인지, 심지어 아기가 몇 시간마다, 얼마나 먹는지도 정확히 파악하고 있지 못한 상황이었다. 일찍부터 밤낮을 가린다는 프랑스 아이들의 이야기를 다룬 책을 뒤늦게 사서 읽으면서 '늦어도 너무 늦었다'는 생각만 맴돌았다. 그동안의 내 육아가 모두 잘못됐다는 생각에 덜컥 겁이 났다.

남편과 날을 잡고 수면 교육에 돌입했다. 그날도 밤에 젖을 물다 잠이 든 아기는 2시간도 안 걸려 다시 깨어났다. 평소 같았으면 다시 젖을 물리거나 아기를 안아 달랬겠지만 이번에는 모질게 마음을 먹고 아이를 그대로 울리기 시작했다. 아기는 쉬지 않고 2시간을 울었고, 우리 부부도 뜬눈으로 울음소리를 삼켰다. 결국 아기 울음소리가 난 지 3시간이 넘어갈 때쯤 내가 먼저 두 손을 들었다. 더 이상 아기를 울렸다가는 큰일이 날 것 같았다. 그렇게 첫 수면 교육이 실패로 끝난 뒤 '독하게 며칠만 참으면 될 것'이라는 댓글들을 보며 다시 의지를 다잡았다. 하지만 아기가 무려 4시간 동안 우는 모습을 지켜본 뒤 깨끗이 포기했다. 수면 교육을 한답시고 심하게 아기를 울리느니 그냥 더 많이 안아주고 안정감을 느끼게 해주자고 생각을 바꿨다.

   아기가 이유식을 가장 안 먹던 9~10개월쯤에는 아기 식사 시간이 다가오는 것이 두려웠다. 내 나름대로 신경 써서 정성껏 이유식을 만들어도 아기가 입도 벌리지 않았기 때문이다. 식욕 돋우는 데 좋다는 말을 듣고 백화점에 가서 한 봉지에 몇만 원씩이나 하는 구기자를 사서 우려낸 후 그 물로 이유식을 해 먹여보기도 했다. 아기를 살찌울 수 있는 방법이라기에 밤을 삶아 먹이거나 밤으로 죽을 쑤어 먹여보기도 했다. 그래도 아기는 달라지지 않았다. 식사 때마다 전쟁이었다. 제발 한 숟가락만 더 먹어달라고 아기에게 갖은 애원을 했다. 겨우 입 안에 집어넣은 것을 아기가 무심하게 툭 뱉어버리면 속에서 천불이 났다. 한번은 밥을 뱉어내고서 찡찡대며 내 옷깃을 붙잡고 매달리는 아기의 엉덩이를 찰싹 밀어버린 적도 있다.

우는 아기를 앞에 두고 나도 울고 소리를 지르며 한숨을 내쉬기도 했다. 육아 커뮤니티에 고민 상담 글도 여러 차례 올렸다. "제가 도대체 뭘 잘못한 걸까요?", "안 먹는 아기한테 화를 내요. 제정신이 아닌 것 같아요", "너무 힘이 들어요." 글을 올린다고 해서 아기가 한 숟가락이라도 더 먹는 건 아니었지만 그래도 그렇게 글을 올리고 나면 비슷한 경험을 했던 엄마들에게 살이 되는 조언을 들을 수 있었다. "힘내세요"라는 말 한마디에 마음이 좀 가라앉기도 했다.

아기의 가장 기본적인 욕구조차 제대로 충족시키지 못하는 부족한 엄마라는 생각에, 게다가 이 모든 책임을 나 혼자 지고 있다는 부담감에 마음이 너무도 고통스러웠다. 내 마음이 아주 얇은 유리 한 장이 된 것처럼 예민하고 위태로웠다.

그런데 복직을 앞두고 단유를 하자 그때까지 가장 골칫거리였던 아기의 식욕이 거짓말처럼 왕성해졌다. 단유 마사지를 해주던 선생님은 "그동안 모유를 너무 충분히 먹어서 밥을 안 먹었을 것"이라고 말했다. 실제로 아기는 단유를 하자 밤에 자다가 깨는 간격도 점점 줄어들더니 곧 통잠까지도 자게 되었다. 그렇게 아기에게는 각자 저마다의 '때'가 있다는 것을, 엄마가 조금만 기다려주면 자신의 시간에 맞게 성장한다는 것을 알게 됐다.

물론 우리 아기의 몸무게는 여전히 느리게 올라가고 있다. 돌이 지나고도 몇 달 뒤인 17~18개월 즈음에서야 겨우 9킬로그램을 넘겼고 두 돌이 지나 드디어 몸무게가 두 자릿수가 됐다. 그래도 이제는 마음의 여유가 생겨 몸무게가 늘어나고 있다는 것에 더 의의를 두게 됐다.

돌이켜 보니 아기는 엄마의 '생각'대로가 아닌 자기 나름의 '때'에 맞춰 잘 자라주고 있었다. 산후조리원에서 다른 산모에게 항의를 받을 만큼 아기가 크게 울면서도 젖을 잘 물지 못해 모유수유는 완전 실패라고 생각하며 좌절했지만 결국에는 13개월까지 완모에 성공했다. 도저히 2시간 이상 연속으로 자는 일이 없던 아기가 100일이 다가오자 낮잠만 2시간을 거뜬히 자주었다. 밥을 안 먹어 온갖 스트레스를 안겨주던 아기가 단유를 하자마자 1일 10식에 가까운 왕성한 식욕을 보여주었다.

몸무게가 천천히 늘어나는 대신 아기는 9개월부터 걸음마를 떼고 돌잔치 때 걸어서 식장에 들어갔다(돌잔치 때 걷는 아기를 두고 '자기가 떡을 돌린다'고 말한다). 두 돌이 되기 훨씬 전부터 말을 하기 시작해 또래에 비해서 월등한 언어 실력을 자랑한다. 아직도 또래에 비하면 체구가 너무 작은 아기이지만, 큰 병치레 한 번 안 하고, 빠른 발달 상태를 보이며 야무지게 자라고 있는 사실에 감사하게 됐다. 모든 엄마들의 성격과 삶의 방식이 제각각이듯이, 아기들도 모두 다르다. 그래서 육아에 자로 잰 듯 정확한 기준이나 정답은 있을 수 없음을 비로소 알게 되었다. 가끔 조바심이 생길 때면 엄마들마다 서로 육아의 방식이 다를 순 있어도, 그 다름이 꼭 틀림은 아니라는 점을 되새기곤 한다.

## 엄마의 결정권

늘 독박육아 신세를 한탄해왔지만 주위 어른들로부터 육아 지원을 받는 엄마들도 고충이 만만치 않은 것 같다. 친정이든 시댁이든 부모 세대와의 육아 갈등은 엄마들 수다의 필수 단골 메뉴다. 아이를 봐주는 눈이 많을수록 엄마에게 잔소리를 하는 입도 많아진다. 어른들은 자신이 체험했던 육아 방식을 초보 엄마에게 전수해주고자 하시겠지만, 젊은 엄마들 입장에서는 그것이 아무리 옳은 말이라 하더라도 전달되는 방식부터 썩 달갑지가 않다. 이와 관련해 육아 커뮤니티에 올라오는 사연들은 한결같이 절절하다.

   A씨는 모유수유가 너무 힘들었다. 열심히 밥을 먹고 수유를 시도해도 아기가 제대로 먹지 못했다. 양도 적고 엄마도 아기도 서로 괴롭기만 한 것 같아 눈물을 머금고 모유수유를 포기했다. 그때부터 아기가 감기라도 걸리면 "애가 엄마 젖을 못 먹어서 약하다"는 소

리가 돌아왔다. 안 그래도 아기한테 미안한 마음이 가득한 엄마에게 주위 어른들의 말씀은 너무도 가혹했다.

모유수유에 성공한 B씨라고 마음이 편하지만은 않다. 양껏 젖을 잘 먹이는 것 같은데 아기의 몸무게가 잘 늘지 않았다. 무엇이 문제일까 신경을 곤두세우고 있는 찰나 "물젖이라 별로 영양가가 없다"는 말을 들었다.

C씨는 임신을 한 직후부터 "무조건 자연분만을 해야 한다"는 말을 귀가 닳도록 들었다. 그러나 양수가 먼저 터졌고 분만이 더디게 진행돼 아기가 위험한 상황이 됐다. 어쩔 수 없이 제왕절개를 했다. 아픈 수술 부위를 부여잡고 겨우 몸을 일으키고 보니 졸지에 자연분만에 실패한 못난 엄마가 돼 있었다.

초보 엄마들이 흔히 맞닥뜨리는, 너무도 흔한 상황들이다. 모든 게 서툴러 그렇잖아도 초조하고 불안한 엄마는 아기의 먹는 것과 자는 것, 눈을 감고 뜨는 것까지 모두 자신의 책임인 것 같아 늘 살얼음판을 걷는 기분이다. 그런 상황에서는 누군가의 조언이 도움이 되기보다는 오히려 비수로 꽂힐 때가 많다. 어른들은 "가르쳐주는 건데 왜 그렇게 과민 반응하느냐?"고 채근하시지만 그럴수록 반발심이 드는 것도 사실이다. 나는 엄마이고 아기에게 해가 되는 일을 할 리가 없으며 또 누구보다 내 자식을 가장 잘 알고 걱정하는 존재다. 그런 엄마의 마음을 헤아려주지 않고 낯선 방식을, 그것도 일방적인 형태로 강요한다면 그것은 더 이상 조언이 아닌 잔소리다.

게다가 요즘 젊은 엄마들이 접하는 육아 정보는 당신들께서 아이를 키우던 3, 40년 전의 그것과는 많이 다르다. 이런 점을 말로 설명하고 이해시키려다가는 "너무 유별나다"는 핀잔을 듣기 일쑤다. 어른들이 아기 키가 잘 자라고 다리도 길어지라고 신생아의 다리를 쭉쭉 펴주고 꾹 눌러주는 경우가 있다. 아마 나도 어릴 때 그렇게 자랐을 거다. 하지만 요즘 엄마들 사이에서는 일명 '쭉쭉이'를 어린 아기에게 너무 많이 하면 안 좋다는 게 정설로 알려져 있다. 콧대가 높아지라고 코를 눌러주는 것 또한 오히려 비염을 유발할 수 있다고 해 잘 하지 않는다. 특히 못생긴 다리가 늘 콤플렉스이고 심한 비염으로 고생하고 있는 나로서는 누군가가 내 아기의 다리와 코를 누르는 걸 보면 기겁을 할 수밖에 없었다. 어렵사리 하지 말아달라는 부탁을 드리면 "너도 다 이렇게 컸다"는 말만 돌아오곤 했다. 물론 옛날에는 다 그렇게 했다는 걸 알고 있다. 하지만 내 아기에게는 그렇게 하고 싶지 않은 엄마의 간절한 마음이 일순간에 '예민함'으로 치부되니 반발심이 든다. 쭉쭉이를 해서 화가 나는 게 아니라 아기 엄마의 생각을 존중하지 않는 태도에 거부감이 든다.

이제 갓 이유식을 시작한 아기에게 어른들이 자꾸 이것저것 먹여보려는 상황 또한 그러하다. 예전에는 어린 아기에게도 토마토나 귤 등의 과즙을 곧잘 먹이곤 했지만 이제는 알레르기를 잘 유발한다고 알려진 과일은 돌이 지난 후에 조심스레 먹이는 것이 일반적이다. 하지만 아직 돌도 되지 않은 아기에게 과일을 먹이지 말아

달라는 엄마의 요청이 일시에 무시될 때가 정말 많다. 마치 엄마의 반응이 재미있다는 양 되레 아기 입에 과일 하나를 쏙 집어넣는다. '일부러 화나게 하려고 그러는 걸까?'라는 생각이 들 정도로 속상하다. 결국 집으로 돌아와 몸에 울긋불긋한 반점이 생기거나 설사를 하는 아기를 보며 울상을 짓는 건 엄마 몫이다.

가족, 친지들뿐만이 아니다. 길에서 만나는 어르신들은 어쩜 아이만 보면 그렇게 한마디씩 꼭 하시는지. 겨울에 아기를 안고 길을 걷는데 바람이 쌩쌩 불었다. 행여나 아기가 추울까 봐 담요를 꼭 덮어주었는데 아기는 답답하다며 담요를 걷어차버리고 바깥으로 양팔을 쭉 뻗었다. 몇 번이나 어르고 달래도 소용이 없었다. 아기가 빽빽 울어 젖히며 하도 난리를 치는 통에 결국 빨리 집에나 가야겠다 하고 발걸음을 옮겼다. 그렇게 아기와 씨름하며 버스 정류장까지 10여 분 남짓 걷는 동안 5명의 아주머니가 나를 보자마자 "아기 춥다!"를 외쳤다. 마치 정해진 코스마다 서서 나를 기다리고 있던 것 같기까지 했다. 다섯 번째로 "아기 춥다!"를 들은 뒤 나는 걸음을 멈춰버렸다. 나도 안다. 나도 아기에게 담요를 덮어주려고 애쓰고 있다. 나도 아기가 추울까 봐 걱정이 된다. 하지만 내 마음대로 되지 않는 이 상황을 어찌란 말인가. 아, 아무 개념 없는 모자란 엄마 취급을 받은 것 같아 속상했다. 그냥 주저앉아 울고 싶었다. 그러고 보니 비슷한 일은 지난 여름에도 있었다. 횡단보도 앞에 서 있는데 한 아주머니가 양말을 신은 우리 아기를 보고 "아기 더운데 양말 벗겨요"라고 했다. 이후 아기 양말을 벗기고 길을 건넜더니 맞은편에서 오시던 아주머니가 "아기 발 시렵다"고 핀잔을 주었다.

가끔씩 겪는 상황이야 다른 엄마들과 수다를 떨며 풀면 그만이다. 많은 곳에서 엄마들의 이야기를 들어보면 좀 더 심각한 문제는 내가 그토록 부러워하는, 부모님의 도움을 받으며 양육하는 쪽인 것 같다. 주양육자가 엄마에서 (외)할머니로 옮겨지게 되면 아이 역시 엄마보다 할머니를 더 좋아하고 육아 방식도 할머니 방식을 따를 수밖에 없다. 부모는 출퇴근 전후 약 6시간 정도만을 아이와 함께할 수 있다. 하지만 이것도 평일에는 아예 할머니 댁에 아이를 보내놓았다가 주말에만 상봉하는 '주말 부모'보다는 나은 편이다.

지난 2013년 보건복지부에서 발표한 '2012 보육 실태 조사'에서는 영아를 키우는 맞벌이 부부 54.5퍼센트, 유아의 경우 63.5퍼센트가 아이의 조부모로부터 양육 지원을 받는 것으로 나타났다. 아이를 조부모에게 맡기는 경우 매번 가서 아이를 데려오거나 보는 경우가 89.2퍼센트로 가장 많지만 가끔 데려오거나 보는 경우도 10.8퍼센트였다. '가끔'일 경우, 평균 11.1일 만에 아이와 부모가 만난다고 한다.⁹ 주변에서도 이런 예는 어렵지 않게 볼 수 있다.

D씨는 평일 동안 시부모님께 두 돌 지난 아이를 맡기고 주말에 아이를 만난다. 분명히 좋은 분들이고 지금껏 큰 마찰도 없었다. 하지만 양육 방식이 서로 많이 다르다 보니 불만이 점점 쌓였다. 그런

주양육자가 엄마에서 할머니로 옮겨지게 되면
엄마는 육아에 있어 큰 목소리를 낼 수가 없다.
그렇지만 최소한의 '부모권'은 갖고 싶다.

데 어디에도 이 불만을 말할 수가 없다. 심지어 남편도 "우리를 도와주시는 건데 뭐가 불만이냐"며 핀잔을 주었다. 아이도 엄마보다 할머니를 더 따른다. 자녀와 육아 앞에서 D씨의 존재감과 영향력은 없다.

두 아이의 엄마인 F씨는 아예 아이를 1명씩 나눠 맡긴다. 큰아이는 친정에, 둘째 아이는 시댁에 맡겼다. 주중에 F씨는 친정에 머물고 남편은 둘째가 있는 시댁에 머문다. 아이 2명을 한꺼번에 봐줄 베이비시터를 구하기가 힘들어서 내린 결정이었다. 그러니 네 가족이 모두 만날 수 있는 날은 주말 이틀뿐이다.

이런 경우 엄마는 육아에 대해 큰 목소리를 낼 수가 없다. 그나마 친정엄마에게는 불만을 솔직히 말하거나 투덜거릴 수라도 있겠지만 시댁에 아기를 맡기고 냉가슴을 앓는 엄마들의 사연은 절절하기만 하다. 물론 할머니 할아버지께 엄마의 기준에 100퍼센트 꼭 맞는 육아를 기대할 수는 없을 것이다. 하지만 최소한 아이 양육에 대한 엄마의 기준이라는 것이 존재하는 법인데 아기를 맡기는 입장에서는 쉬 아쉬운 소리를 할 수도 없어 갑갑하기만 하다.

결국 조부모의 육아 방식이 마음에 들지 않는다면 누구의 도움도 받지 말고 그냥 엄마가 키워야 한다는 결론을 내리게 된다. 아이가 할머니 집에 있을 때 과자와 초콜릿을 입에 달고 살고 반나절 내내 텔레비전을 보고 있다 해도 불만을 제기할 수는 없다. 당장 일을 그만둘 수 있는 상황도 아니고, 아이를 집으로 데려오려면 어린이집과 베이비시터부터 알아봐야 하는데 그래도 남보다는 조부모님이 봐주시는 게 낫지 싶어 불만을 속으로 삼킬 수밖에 없다.

 아무리 초보여도 한 아이의 엄마다. 존중받고 싶다. 일을 하고 동시에 아이도 키우려면, 그래서 누군가의 도움을 받게 되면 엄마의 주도권은 당연히 줄어들고 또 100퍼센트 엄마의 생각만 고집할 수도 없다. 그렇지만 최소한의 '부모권'은 인정받고 싶다. 아이와 함께하는 시간의 길이와 무관하게 부모로서의 생각과 의지만큼은 마땅히 존중받고 싶다. 부모가 된 자식을 여전히 아이로 보는 어른들의 시선. 그럼에도 불구하고 부모에게 의지하지 않고는 마음 편히 아이를 키울 수 없는 현실. 이 모든 것들 사이에서 엄마들은 이러지도 저러지도 못한 채 마음만 아프다.

2장-

# 나는 일하는 엄마이고 싶다

## 내 새끼 남한테 맡기고 일하는 이유

"도대체 이 어린애를 온종일 남한테 맡기면서까지 일을 하려는 이유가 뭐예요?" 복직이 가까워질 무렵 동네에서 알게 된 한 엄마가 내게 물었다. 일을 하려는 이유라니……. 순간 머릿속이 새하얘졌다. 입이 열리지 않았다. "그러게요. 제가 좋아서죠, 뭐." 겨우 이 말을 내뱉고 나니 천하에 둘도 없는 매정한 엄마가 된 기분이었다.

내게 육아는 그동안 살면서 한 번도 해보지 않았던, 아주 근본적인 물음의 답을 끊임없이 찾아야 하는 과정이었다. '나는 왜 일을 하는가?'라는 질문에 대한 답도 육아를 하면서 찾게 되었다. 어려서부터 일을 하지 않는 내 모습을 생각해본 적이 없다. 초등학교부터 대학교까지 16년 동안 정규 교육을 받는 것과 같이 학교를 졸업한 뒤에 직장에 다니는 것은 내게 지극히 당연한 일이었다. 그러니 내가 일을 하는 것에 대한 거창한 이유 따위는 깊이 생각해본 적이 없었다.

하지만 임신과 출산 그리고 육아라는 일련의 과정 속에서 이토록 당연했던 내 일에 대해 진지하게 고민해야 했다. 너무 혼란스러웠다. 여성이라는 이유만으로, 출산을 했다고 해서 일을 그만두는 것은 우리 어머니 세대에나 있었던 일이라고 생각했는데, 현실은 그렇지 않았다. 아기를 낳고 산후조리원에 간 뒤에야 적지 않은 엄마들이 출산과 함께 일을 그만둔다는 사실을 알게 되었다. 충격이 시작됐다. 내가 세상 물정을 몰라도 너무 몰랐던 것이다. 육아와 무관하게 여성도 누구나 사회생활을 하고 일을 계속하는 것은 책에 나오는 세상에서나 가능한 일이었다.

실제로 여성 5명 중 1명이 결혼과 육아로 인해 직장을 그만둔다. 통계청에 따르면 2014년 4월 기준 15~54세 기혼 여성 956만 1,000명 가운데 결혼, 임신·출산, 육아, 자녀 교육(초등학생) 등으로 인해 직장을 그만둔 경력 단절 여성은 총 213만 9,000명으로 22.4퍼센트를 차지했다. 일을 그만둔 사유는 결혼이 41.6퍼센트로 가장 많았고 이어 육아(31.7퍼센트)와 임신·출산(22.1퍼센트) 등의 순이었는데 2013년 대비 육아로 인한 경력 단절은 9.7퍼센트나 늘었다. 임신·출산으로 인한 단절도 5.4퍼센트, 자녀 교육으로 인한 단절은 27.9퍼센트나 증가했다고 한다. 특히 절반 이상이 30대(52.2퍼센트)였고 이들 역시 육아(35.9퍼센트) 때문에 직장을 떠나야 했다.[10] 이런 통계를 매년 접하면서도 내가 이 과정을 직접 경험하기 전에는 이 수치가 무엇을 의미하는지 알지 못했다. 나와는 관계없는 일이 겠거니 했다. 착각이자 오만이었다.

　아기를 키우며 만난 많은 엄마들 사이에서 나는 단연 튀는 존재였다. 임신한 몸으로 꿋꿋이 만삭까지 회사를 다녔고 출산휴가와 육아휴직을 1년 3개월 다 채워 쓴 엄마, 친정 가족들이 해외에 있어 마음 놓고 아이를 맡길 곳도 없으면서 돌쟁이를 두고 복직을 결심한 엄마. 이런 엄마는 분명 보통의 평범한 엄마가 아니었기에 '그렇게까지 하면서 일을 하려는 이유가 대체 뭐냐?'는 질문을 수시로 들어야 했다. 그 앞에서 '자아실현'이라는 단어를 입에 올리고 나니 나 자신이 너무 허황된 생각을 갖고 있는 것처럼 느껴지기도 했다.

　많은 엄마들이 육아에 전념하며 전적으로 아이의 일과에 맞춰 생활하고 있다. 아이의 스케줄에 따라 사람들과 약속을 잡는다. 아이에게 오늘 뭘 먹일지가 큰 고민이다. 아이가 조금만 더 크면 다시 일을 하고 싶다는 바람을 갖고 있는 엄마들도 많지만 대부분 그 바람은 기한도 없이 늦춰지곤 했다. "아이가 세 살이 지나면 일을 해야지" 했다가 세 살은 다섯 살, 초등학교 입학, 이런 식으로 미뤄진다.
　물론 아이에게 전념하는 삶도 충분히 의미가 있다. 나 역시 예쁜 내 아이와 많은 시간을 함께하며 아이만을 위해 살아보고 싶다고도 생각한다. 그래서 나 역시 일을 계속할지 말지 고민한다. 과감하게 일을 그만두고 아이에게 '올인'한 엄마들이 부럽기도 하다. 물론 내가 일을 안 하게 되면 당장 가정 경제에 큰 여파가 올 것이다. 그러니 일을 그만둘 수 없는 이유가 돈인 것도 분명하다. 그런데 돈 때문이 아니더라도 내가 좋아하는 일이자 할 줄 아는 유일한 일이기도 한 이 직업을 포기하기는 참 힘들다. 직장을 그만두고 난 다음, 다시 일을 하고 싶을 때 경력을 이어갈 수 있는 가능성은 매우 희박하다.

각종 사고가 발생하는 어린이집에 돌도 안 된 아기를 밀어 넣고, 생판 모르는 남에게 아기를 맡기면서까지 일을 계속해야 하는 그럴싸한 이유를 매일 아침 회사로 향하는 나 자신에게 묻곤 한다. 최소한 세 돌까지는 엄마가 직접 키우는 것이 좋다는 육아 이론을 거슬러야 할 만큼 내가 꼭 일을 해야 하는 이유 또한 찾고 있는 중이다. 그리고 이런 생각들은 복직을 한 지 여섯 달째인 오늘까지도 매일 아침 출근길마다 내 어깨를 짓누른다. 감히 아기가 아닌 나를 먼저 생각한 것에 대한 죄책감을 떨쳐내기가 쉽지 않다. 내가 좋아하는 일을 하면서도 내가 사랑하는 아이를 잘 돌보고 키울 수 있는 환경은 언제쯤 당연해질까. 일과 육아, 둘 다 잘하는 것이 욕심일 수밖에 없는 현실이 안타깝다.

## 와 친정엄마가 안 봐줘요?

임신하기 전 국회에 출입하며 보육 관련 전문가라는 한 국회의원을 만난 적이 있다. 마침 동석했던 기자들이 모두 여성이어서 보육 문제가 화젯거리가 되었는데 그 의원은 "이제는 여성도 더 당당히 일하고 일과 가정의 양립이 가능한 사회가 돼야 한다"며 관련 정책을 자신이 주도하고 있음을 자랑스럽게 말했다. 그는 자신이 주도하는 정책만 실현되면 육아 때문에 일을 포기하는 것이 오히려 이상한 세상이 될 거라며 꿈같은 이야기도 늘어놓았다. 그러자 한 기자가 "나중에 일하면서 아기를 봐줄 사람이 없어 걱정"이라며 현실적인 고민을 토로했다. 그러자 갑자기 그 의원이 깜짝 놀라며 물었다. "아니, 왜 친정엄마가 안 봐줘요?" 진심으로 놀라는 눈치였다.

이렇게 할 말을 잃게 되는 순간은 한두 번이 아니었다. 경제 전문가라던 한 국회의원도 "왜 부모님께 애를 안 맡기느냐?"고 물었다.

누구든 육아의 해법 그 마지막에는 부모님을 갖다 댔다. 일과 가정의 양립을 해결하는 최선책은 곧 '친정엄마'였다. 그때는 "정치인이 아직도 저렇게 현실을 모른다. 어떻게 저런 고리타분한 이야기를 하느냐?"고 볼멘소리를 했는데 막상 부딪쳐보니 슬프게도 그게 진짜 현실이었다. 임신 소식을 알리자 주위에서 모두 당연한 듯 해외에 있는 친정엄마가 언제 오는지를 물어 지겨울 정도였는데, 친정엄마 없는 독박육아를 경험하고 나니 왜 다들 그렇게 물었는지 알 수 있었다.

육아휴직 중에도 친정엄마가 절실했지만, 복직을 하려고 보니 더더욱 친정엄마 없이는 불가능할 것 같았다. 서른 살이나 되어서는 엄마와 통화할 때마다 세 살 아기처럼 투정을 부리고 원망도 많이 했다. 아주 진지하게 엄마가 해외 생활을 접고 가족들을 놔둔 채 나와 함께 살 수 있는 방법이 뭘까, 궁리해보기도 했다.

그 정도로 친정엄마 말고는 대안이 없는 현실이 너무나 답답했다. 어린이집, 베이비시터 등 제도나 사람은 많다. 그런데 그러한 대안들도 내 아기를 진짜 믿고 맡길 수 있는 지원군이라기보다는 시설, 일자리, 돈의 문제로 먼저 다가오는 건 어쩔 수 없다. 게다가 뉴스와 신문에서는 '남'이라는 존재가 얼마나 무서울 수 있는지를 하루가 멀다 하고 전해주었다. 새삼 '핏줄'의 위대함을 느낄 수밖에 없는 각박한 세상이다. 부모에게 엄청난 부담을 안기면서도 "남에게 맡기는 것보단 나으니까" 하며 위안을 삼을 수밖에 없다.

여고 동창들은 모두 약속이나 한 듯 아기의 탄생과 함께 친정 근처로 이사를 했다. 친정엄마의 도움을 받아야 하기 때문이었다. 남편 지인들 가운데에서도 '처가살이'는 이제 흔한 일이 됐다. 육아와 일을 병행하려면 불가피한 선택이다. '헬리콥터맘'을 비웃고 부모로부터 독립하지 못한 성인 자녀들과 그들의 부모를 비판하지만 막상 닥쳐보니 부모에게 의존하지 않고는 육아와 일을 함께하기 쉽지 않은 사회에 살고 있다는 걸 인정해야 했다.

내 가정을 꾸리고 부모가 됐는데, 여전히 부모 말고는 기댈 데가 없다는 게 화가 났다. 게다가 친정엄마는 무슨 죄인가? 기껏 딸을 키우고 공부도 다 시켜놓았는데 그 딸이 사회생활을 계속하게 하기 위해 또다시 뒷바라지를 해야 한다니. 지금껏 엄마로 평생을 헌신하신 분께 또다시 아이의 할머니로 살아달라고 요구하는 것은 얼마나 이기적인 일인가. 그럼에도 불구하고 딸에게 아기까지 봐주지 못해 매일 "미안하다"고 말하는 엄마, 그리고 너무 힘에 부친 나머지 그 미안하다는 말이라도 들어야 직성이 풀리는 딸. 뭔가 비정상적인 상황임이 분명하다.

### 9개월 아기 어린이집 보내기

'어떻게든 되겠지'라는 마음으로 가까스로 복직을 결정했다. 그러려면 아기를 낮 시간에는 어린이집, 나머지 시간에는 베이비시터에게 맡겨야 했다. 하지만 국공립 어린이집은 여전히 세 자릿수의 대기 순번이었고, 도저히 복직 때까지 순서가 올 것 같지도 않았다. 자리가 없을 수도 있다는 생각에 마음이 급해졌다. 아기가 아직 어리니 집에서 가까운 가정 어린이집도 좋겠다고 생각해 몇 군데 둘러보기로 했다. 낯설기만 한 어린이집에 7개월짜리 아기를 안고 갔다. 의외로 아기는 낯선 환경에서 방긋 웃으며 좋아했다. 마침 자리가 났으니 빨리 아기를 보내라는 말을 들었지만, 어린이집에 등록하겠다고 마음을 먹기까지 두 달이 걸렸다.

마침내 어린이집에 보내기로 최종 결정을 하고 동사무소에서 만 9개월 아기의 주민등록등본과 가족관계증명서를 뗀 후 양육수당 취소 신청을 했다. 아, 뭔가 마음이 편치 않았다. 동사무소에 들어가기까지 또 얼마나 망설였는지 모르겠다. 양육수당 20만 원을 받지 않고 어린이집 보육비를 신청한다는 것이 곧 엄마로서의 책임을 저버리는 것처럼 느껴졌다.

이어서 보육료 결제용 신용카드를 만들기 위해 은행을 찾았다. 은행원이 내가 내민 서류를 보더니 대뜸 "아니, 이 어린 아기를 벌써부터 어린이집에 보내세요?"라고 했다. 가뜩이나 죄책감으로 너덜너덜해진 내 마음에 그가 다시 한 번 확인사살을 했다. "네, 맡길 곳이 없어서요." 그러자 그 은행원은 내 표정에도 아랑곳하지 않고 말을 이었다. "저는 친정엄마가 봐주세요. 지금 23개월인데 아직도 어린이집에 안 보내요." 카드 신청이 끝나자마자 서둘러 은행 밖으로 나왔다. 그리고 은행 앞에 서서 혼자 중얼중얼 욕을 했다. 기분이 나빴다. 그리고 부러웠다. 나라고 돌도 안 된 핏덩이를 보육 기관에 보내고 싶었을까. 나 역시 가능만 하다면 두 돌, 아니 세 돌 때까지는 아기를 집에서 돌보며 엄마 손으로 키우고 싶다. 이런 내 마음을, 다른 사람도 아닌 비슷한 처지의 직장맘이 알아주지 못한다는 사실이, 어쩔 수 없었던 내 결정이 비난받았다는 현실이 야속했다. 그리고 다시 한 번 인정하지 않을 수 없었다. 그 은행원이 가진 친정엄마는 이 세상 무엇보다 값지고 든든한 무기임에 분명했다.

하지만 원망만 하고 있을 수는 없었다. '세상에 죽으란 법은 없다'는 심정으로 친정엄마 없는 워킹맘이기를 포기하지 않기로 마음을 다잡았다. 잇따라 발생하는 각종 사건 사고에도 불구하고 말도 못하는 돌쟁이를 어린이집에, 베이비시터에게 맡긴 나는 참 무모한 엄마일지도 모른다. 다행히 지금까지는 좋은 분들의 도움을 받으며 무사히 아기를 키우고, 회사도 그럭저럭 잘 다니고 있다. 그리고 한 30년쯤 뒤 내 아이가 엄마가 될 때쯤, 나는 꼭 내 아이의 아기를 봐주는 친정엄마가 되어야겠다고 다짐한다. 내 딸이 내가 느낀 외로움과 서러움을 느끼지 않고, 좀 더 쉽게 아기를 키우고 더 자유롭게 꿈을 펼쳐나가길 바라는 마음에서다. 그런데 더 솔직한 마음으로는 할머니가 된 내가 온종일 손주만 보는 일은 없었으면 한다. 30년 뒤에도 친정엄마 없이 아기 키우기 힘든 세상이라면, 너무 불행하지 않을까.

## 현대판 오복

현대판 오복(五福)이란다. 좋은 '이모님(엄마들 사이에서는 베이비시터에게 주로 '이모님'이라는 호칭을 쓴다)' 만나기. 아기를 정성껏 봐주시는 좋은 분을 만나는 것이 그만큼 어렵다는 얘기다.

한국여성정책연구원의 조사에서 영아(0~2세)를 키우는 취업 여성의 어린이집 이용 비율은 68.7퍼센트, 친·인척 돌봄이 53.0퍼센트로 나타났다. 취업 여성의 59.1퍼센트는 조부모(친·인척)가 아이를 봐주고 중간에 어린이집을 보내는 식으로 두 가지 양육 방식을 병행했고, 세 가지를 이용하는 경우도 29.9퍼센트로 조사됐다.[11]

'조부모' 선택지가 없는 우리 아기가 태어나는 순간부터 나는 이 핏덩이가 부디 이 인복만큼은 타고났기를 간절히 바랐다. 산부인과, 산후조리원, 산후도우미……. 아기를 키우는 매 순간 늘 내가 아닌 다른 사람의 정성스러운 손길이 필요했다. 이제 가장 중요한 어린이집과 베이비시터가 남아 있었다.

  나 역시 처음에는 어떻게든 혈연에 의존하고 싶었다. 요즘 같은 세상에 그래도 핏줄이어야 좀 더 안심하고 아기를 맡길 수 있을 테니 말이다. 이모, 숙모, 심지어 결혼도 안 한 20대 사촌동생과 구순을 바라보시는 외할머니까지 떠올렸다. 아기를 잘 키워주는 것은 둘째치고 적어도 아기를 때리지는 않을 테니까. 하지만 모두들 아기를 봐주실 만큼 가까운 거리에 살고 있지 않았고 아기를 봐줄 형편도 아니었다. 결국 이 모두는 혼자만의 상상으로 끝이 났다.

  그다음 선택지는 어린이집과 베이비시터였다. 다행히 어린이집에 대해서는 아기와 나 모두 거부감이 적었다. 엄마랑 단 둘이만 있던 게 지겨웠는지 아기는 사람을 좋아하는 활발한 성격에 낯가림도 거의 없었다. 무거운 마음으로 아파트 주변 어린이집을 탐방하러 갔을 때 아기는 한 어린이집 거실에 도착하자마자 방긋 웃고 신이 났다. 선생님들이 장난감을 쥐어주자 세상에서 이런 건 처음 본다는 표정을 지으며 즐거워했다. '잘 적응할 수 있겠구나. 다행이다'라고 생각했다.

  어린이집은 정부에서 보육수당 40만 6,000원(0세 기준)이 지원되기 때문에 경제적 부담이 적다. 그런데 어린이집에서 아기를 종일 봐주지 않는 경우가 많다는 것이 문제다. 당시 내가 알아본 어린이집 모두 0세반 영아의 경우 오전 10시부터 오후 4시가 최장 이용 가능 시간이었다. 어린이집이 문을 여는 시간도 오전 9시 이후, 선생님들의 퇴근은 오후 6시 전후 정도였다. 내 출퇴근 시간을 고려하면 아이를 맡기기에 턱없이 부족한 시간이었다.

한국여성정책연구원 연구 자료를 보면 취업 여성들은 대체로 오후 6시 이후에나 퇴근을 하고, 특히 오후 6시 반 이후 퇴근자가 50.6퍼센트에 달한다고 되어 있다. 그런데 보육 기관들은 오후 3시 반부터 아이들을 하원을 시키기 시작해 오후 5시가 되면 아이의 13퍼센트만 기관에 남아 있다고 한다.[12] 내가 방문해본 어린이집에서도 "법적으로는 오후 7시 반까진데요, 아이들이 그 시간까지 남아 있지 않아요"라고 입을 모았다. 마치 대본이라도 정해져 있는 듯이 똑같은 대답이었다. 내 아이만을 위해 선생님들께 더 일찍 출근하고 더 늦게 퇴근하기를 요구할 수 없는 상황이었다.

'이모님'은 불가피한 선택이었다. 매달 월급의 반을 뚝 떼어내야 하지만 방법이 없었다. 그나마 12시간 이상 내리 아이를 봐야 하는 상황이 아니고 입주형 베이비시터를 쓰지 않으니 반만 떼어내는 거다. 출·퇴근형이 보통 160~180만 원, 입주형은 월 200만 원이 넘는 게 시세였다. 등하원도우미형 베이비시터는 시급 8,000~1만 원 선으로 통했다.

### 고용주 엄마는 철저한 '을'

하지만 돈이 문제가 아니었다. 이모님들을 구하려고 본격적으로 뛰어들고 보니 내가 이모님들의 구직 시장에서는 그다지 좋은 조건이 아니라는 걸 금세 알 수 있었다. 출퇴근형 이모님들의 근무시간은 보통 오전 9시부터 오후 7시였다. 그러나 나는 회사에 오전 9시에 도착해야 하고 빨라야 오후 7시에 회사를 떠날 수 있다. 기본적으로 오전, 오후 각각 1시간 이상씩은 더 아이를 맡겨야 한다. 더구나 기자의 업무 특성상 규칙적인 출퇴근이 불가능한 경우가 많다. 예전에 정치부 기자 생활을 할 때는 정해진 퇴근 시간이라는 게 아예 없었다. 게다가 남편은 편도 2시간 반 거리의 회사를 다닌다. 두 사람 모두 퇴근 시간이 일러야 오후 8시 반이었다. 정부에서 시행하는 시급 6,000원의 아이돌보미 지원 사업도 좋아 보였지만, 워낙 출퇴근 시간이 불규칙하니 엄두를 내지 못했다.

  갑자기 철저한 '을(乙)'의 자세가 되었다. 구하기도 전부터 초조했다. 다른 엄마들처럼 베이비시터 경력이 많고, 아이를 잘 돌보고, 잘 먹이고, 아이 관련 집안일도 해주고, 책도 많이 읽어주는 등의 깐깐한 조건들을 내세울 형편이 아니었다. 그저 늦게까지, 직장 생활을 하다 보면 어쩔 수 없이 생기는 각종 변수에도 아기를 잘 맡아주실 분, 잘 데리고만 있어주실 분이면 되었다. 경우에 따라 이모님 집으로 아이를 데리고 가서 돌봐주는 조건도 좋았다. 대신 가끔 아이가 아프거나 어린이집에 못 가는 날 온종일 아이를 봐줄 수 있는 조건이어야 했다. 그러려면 우리 집에서 최대한 가까이 사는 분이어야 한다는 결론이 났다.

  이모님을 구하는 방법은 관련 업체에 의뢰하거나 구인 구직 사이

내가 월급을 주는 쪽이니 고용주와 다름없지만
아이를 맡기는 입장에서는 그저 '을'일 뿐이었다.

트에 등록을 하는 방법 등 다양했다. 가장 좋은 것은 잘 아는 사람의 추천을 받는 것이었다. 다시 말해 다른 엄마가 고용하던 이모님을 소개받는 것인데 사실 그런 분은 찾기가 쉽지 않았다.

일단 무료로 구인 정보를 등록할 수 있는 사이트에 이름을 올렸다. 구인 등록을 하자마자 전화가 꽤 왔다. 하지만 대부분 어린이집 등하원까지 담당하기에는 좀 먼 거리에 사는 분들이어서 면접으로까지 이어지지 않았다. 게다가 구인 사이트를 통해 연결된 분들이어서 그런지 근무시간, 급여 등 외적인 조건만 꼬치꼬치 캐묻는 분들이 많았다. "급여는 얼마나 되나요?" 그분들에게는 당연한 질문인데도 왠지 듣는 입장에서는 서운했다. 내 아이를 봐주실 분이라기보다는 그냥 편한 일자리를 찾는 분들 같아 보였다. 돈보다는 우리 아기에게 애정을 가질 분이면 좋겠다는 욕심이 드는 건 어쩔 수 없었다. 며칠 뒤에 그 구인 사이트에 올렸던 정보를 지웠다.

집에서 되도록 가까이 사는 분을 구하기 위해 아파트 단지 안에 전단지를 붙이기로 했다. 입주한 지 1년도 채 안 되는 아파트인데 과연 이 일을 하시려는 분이 있을까 걱정이 앞섰다. 전단지 문구를 적는 데에도 꼬박 이틀이 걸렸다. 좋은 인상을 주고 싶어 고심을 거듭한 끝에, 제목도 '아기 봐주실 분을 모십니다'라고 최대한 정중하게 적었다. '베이비시터 구함'이라는 간단명료하고 사무적인 말투 대신 '모십니다'라는 글자에 담은 내 간절한 마음을 알아봐주실 분을 찾고 싶었다. 이모님들이 내 아이 보는 일을 단순히 직업으로

만 생각하지 않길 바라듯이, 나도 진심을 다해 좋은 이모님과 함께 하고 싶기도 했다. 그런데 전단지에 근무시간을 적으려고 보니 스스로 판단해도 너무 열악한 조건이라는 자격지심이 들었다. 때문에 출퇴근 시간을 30분씩 줄였다 늘였다, 썼다 지우기를 반복했다.

관리 사무소에 전단지 붙이는 값을 7만 7,000원이나 내고 60여 장을 인쇄해 직접 붙였다. 아파트 11개 동, 라인별로 다른 1층 현관 게시판과 지하 주차장 게시판까지 한겨울에 땀을 뻘뻘 흘리며 3시간에 걸쳐 전단지를 붙였다. 혹시라도 비뚤게 붙인 것이 있을까 봐 확인을 거듭했다. 무척 힘들고 돈도 아까웠지만, 하늘은 스스로 돕는 자를 돕는다고 하지 않았나. 내 이런 노력이 아기에게 도움이 될 거라 믿었다.

결론부터 말하면 노력은 통했다. 의외의 반전이 뒤따랐다. 과연 전화가 올까 했는데 (관리실에서 전단지를 수거하지 않아) 2주 동안 스무 통 넘게 전화가 왔다. 신기하게도 초등학생 아이 엄마라는 한 분을 빼고 전화를 주신 모든 분들이 비슷한 특성을 보였다. 전부 50대 전업주부였다. 심지어 하시는 말씀까지 한결같았다. "자녀들은 다 컸고 남편은 늦게 오고 혼자 (집에만) 있기 무료해서 아이 보면서 용돈벌이나 하려고요." 가사와 육아에 전념해 30년 가까이 살았는데 그 일을 어느 정도 다 마치고 나니 옆에 아무도 없고 할 수 있는 것도 없는 중년 여성의 현실을 엿볼 수 있었다. 어쩌면 내 미래가 될 수도 있겠다는 생각이 들었다.

우연히 마주하게 된 이런 공통점이 신기해 후에 통계청 자료를 찾아보았는데 오히려 2014년 40~50대 여성 고용률이 1999년 이후 역대 최고치를 기록했다고 되어 있어 의아했다.[13] 그만큼 살기가 팍팍해져 중년 여성들도 일자리를 구하려고 생활전선에 뛰어든 것이란다. 내게 전화를 걸어온 많은 이모님들도 그런 상황이었을까. 사실 그중 몇 분은 너무 절실한 목소리여서 여러 명의 이모님들에게 돌아가면서 아이를 맡기고 싶기까지 했다.

## 첫인상으로 좋은 이모님 찾기

나와 잘 맞고 내 아이를 잘 봐줄 사람을 구하는 것은 참 어려운 문제였다. 실제로 만난 건 다섯 분이었다. 모두 경력은 없었다. 인터넷에 '베이비시터 면접 방법' 등의 글이 수두룩했다. 깐깐한 엄마들은 이모님들의 화장이 얼마나 진한지, 손톱은 짧게 정돈했는지까지 유심히 살펴보라던데, 사실 나는 그렇게 냉철한 면접관이 되지 못했다. 월급을 주니 고용주나 다름없지만 아이를 맡기는 입장에서는 그저 '을'일 뿐이었다. 게다가 근무 조건이 매우 까다롭고 부담스러울 수밖에 없어 '을'에서도 맨 끝 정도의 수준이었을 거다. 그러니 면접이 아니라 매우 어려운 부탁을 하는 입장이었다. 전화 통화를 하면서부터도 잔뜩 주눅이 들었다. 남편과 정한 이모님 급여 수준이 있었는데, 나는 꼭 이모님들에게 상한가, 최고치를 말했다. 좀 바보 같았지만 돈을 적게 드리면 우리 아기를 안 봐주신다고 할까 봐, 사람을 못 구할까 봐 겁이 나서였다.

한 번의 짧은 만남으로 우리 아기를 맡길 수 있는 분을 선택해야 했다. 첫인상, 말투, 우리 아기를 대하는 태도, 나와 이야기를 나누는 방식 등등 작은 것 하나도 놓치지 말아야 했다. 면접은 이모님들의 집으로 내가 찾아갔다. 집을 정돈해 놓으신 걸로 대충 그분의 성향을 알 수 있지 않을까 해서였다. 같은 아파트이다 보니 아이가 많은 시간을 이모님의 집에서 보낼 수도 있을 것이기에 그 환경을 직접 보고 싶기도 했다.

그렇게 사흘에 걸쳐 다섯 분을 만났다. 대체로 모두 인상이 좋고 아기를 예뻐해주었기에 선택은 더 어려웠다. 첫 번째 만난 분은 경력이 10년이나 된다고 했는데, 그래서인지 면접 태도가 능수능란하다 못해 능구렁이 같았다. 대뜸 급여는 어떻게 줄 건지부터 물었는데 어른과 돈 이야기를 나누는 데 서툰 내가 "예전엔 얼마 받으셨냐"고 묻자 "글쎄요"라면서 말을 아끼며 내 질문에는 하나도 제대로 답해주지 않고 넘어갔다. 그러면서 "전 집안일은 전혀 안 해요", "퇴근 시간은 반드시 지켜요"라는 등 자신이 필요한 말만 똑 부러지게 했다. 경력이 많다는 것에 끌렸지만 왠지 만나고 나온 뒤에도 계속 기분이 찜찜했다.

다른 한 분은 매주 특정한 요일에는 저녁에 일이 있어 늦게까지 아이를 봐주는 게 어렵다고 했다. 아침에도 종교 생활을 반드시 해야 하기 때문에 늦을 수도 있다고 했다. 나와 출퇴근 시간을 맞추는

데 마찰이 잦을 게 뻔했다.

또 다른 한 분은 아기도 예뻐해주었고 무엇보다 음식점에서 일 하신 경험이 많아 아기가 먹을 음식을 잘 챙겨주실 수 있다고 했다. 다정다감하신 것까지 다 좋았는데 이 일이 생계와 직결됐다. 아기를 어린이집에 보낼 시간인 오전 10시부터 오후 4시까지 다른 곳에서도 일을 하고 있었다. 아이가 어린이집에 못 가는 평일에 아이를 봐주실 수 없는 상황이었다.

이 세 분을 제외하고 남은 두 분 중 최종 한 분을 고르는 게 정말 어려웠다. 오디션 심사위원은 아무나 하는 게 아니라는 사실을 절감했다. 게다가 나는 이 분야의 전문가도 아니었기에 전적으로 직감과 운에 내 결정을 맡겨야 했다. 밤에 잠들기 전 "누굴 선택하면 좋을지 점찍어주세요"라며 기도를 하기도 했다. 진심으로 두 분 중 한 분의 얼굴이 떠오르는 꿈을 꾸고 싶었다. 면접은 사흘밖에 안 걸렸는데 고민만 일주일 넘게 했다.

한 분은 가장 젊었고, 가장 밝은 표정과 활달한 성격을 보여주셨다. 여러모로 여유가 느껴졌다. 남편이 아직도 일을 하시고 성인이 된 아들들은 군대에 가 있어서 종일 혼자 있기 무료하다고 했다. 이 일을 하고 싶은 이유는 경제적인 필요성보다는 생활의 적적함과 무료함을 덜기 위해서였다. 집에는 딱 필요한 것들만 제자리를 차지하고 있었다. 다른 네 분의 이모님들과는 30분 안에 면접을 마쳤는데 이 이모님과는 이런저런 수다를 떨고 실컷 웃었다. 집으로 돌아올 때쯤 시계를 보니 1시간 반이 다 지나 있었다.

나머지 한 분은 나와 종교가 같았고, 온화해 보였다. 당시 육아로 너무 힘들고 의지할 데가 없어 종교에 한참 심취했었기에 나와 같은 종교를 가진 분이라는 사실만으로도 마음이 놓였다. 또 우리에게 과일을 내주셨는데 아기가 먹기 편하게 과일을 잘게 잘라 따로 준비한 아기 포크로 입에 넣어주기까지 했다. 최근까지 손주들을 모두 본인이 키워오셔서인지 베이비시터 경력이 없어도 베테랑 같은 느낌이 드는 분이었다. 그런데 집에 같이 머물고 있는 식구들이 많았다.

두 분 다 나와는 이야기가 잘 통했기 때문에 고민이 됐다. 내 입장에서는 두 분 다 좋게 느껴졌고 그래서 더 결정하기가 힘들었다. 한편 이 말을 들은 지인은 두 분 다 부족한 점이 하나씩 있어서 걱정이 되는 상황이라고도 했다. 젊고 여유로워 보인 이모님은 경력이 없다는 게 걸렸다. 20여 년 전에 아들 둘을 키운 게 전부여서 과연 이 어린 아기를 감당하실 수 있을까 걱정이었다. 두 번째 분은 손주를 키운 경험이 많았지만 현재도 돌봐야 할 가족이 여전히 많은 게 걸렸다. 하지만 아기가 그 안에서 생활하면 여러 가족들의 품에서 더 많은 사랑과 정을 받을 수도 있을 테니 그것이 장점인지 단점인지 단번에 확신할 수 없었다.

잘 때마다 꿈에 우리 아기에게 맞는 이모님 얼굴이 콕 집어 나오길 바라며 기도했지만 실제로 그런 일은 일어나지 않았다. 엄청난 고민 끝에 결국 내 직감을 믿기로 했다. 마지막까지 두 이모님의 전화번호를 앞에 두고 고민을 하다가 결국 젊고 여유로운 이모님에게 전화를 걸었다. 그분과 이야기를 나누던 때가 가장 재미있고 편안했기 때문이었다. 얼굴 표정에서 느껴지는 여유로움은 전혀 꾸밈이 없어 보였다. 맘 놓고 편하게 의지할 수 있겠다는 생각이 들었다.

결과는 대성공이었다. 내 직감이 통했다. 매일 아침 집에 들어오시면서 아기를 향해 환하게 웃어주고 아기가 예뻐서 그야말로 '물고 빨고' 하는 모습이 내가 상상해오던 이상적인 이모님의 모습, 바로 그것이었다. 저녁에도 한참 동안 퇴근을 안 하고 아이에 대한 이야기를 나눠주곤 했다. 아이에게 어떤 일이 생기면 같이 고민과 걱정을 해주고 나를 다독여주었다. 초반에는 아기가 입을 옷과 먹을 것을 전부 준비해놨는데 점점 소홀해져서 죄송하다고 하자 "걱정 말고 아기 엄마 몸 잘 챙겨요"라고 문자를 보내주었다. 아이가 이모님을 만난 뒤에 더 잘 먹고, 잘 놀고, 잘 자는 것 같았다. 갑작스러운 회식으로 퇴근이 늦어져도 흔쾌히 괜찮다고 얘기해주었을 땐 눈물이 핑 돌기도 했다.

처음에는 '과연 이분이 정말 좋은 분일까?', '언제까지 함께할 수 있을까?' 하고 의심과 고민이 많았다. 하지만 좋은 이모님을 만난 덕분에 정말 마음 편히 일을 하며 1년을 넘길 수 있었다. 어떤 문제도 다 이야기하고 나눌 수 있게, 진짜 믿고 의지할 수 있게 되었다.

이모님 때문에 당분간 이사를 할 수 없을 정도다. 멀리 떨어져 계신 친정엄마 대신 내가 선물을 받았구나, 하는 생각도 든다. 친정엄마가 아닌 남에게 아기를 맡겨야 한다는 사실 하나로 잔뜩 주눅이 들어 있었지만, 이모님 덕분에 꽤 당당한 엄마가 될 수 있었다. 물론 이것은 아직 시작에 불과할 것이다. 고비는 앞으로 언제든지, 어디서나 기다리고 있을 테니 말이다. 지금까지는 아이가 최소한의 인복을 갖고 태어났다는 것에 한없이 고마운 마음으로 지내고 있다. 우리의 이런 행운이 앞으로도 계속 이어지기를 바라면서 말이다.

# 잘하는 것도 없이
# 모두에게 미안한 삶

출산휴가와 육아휴직을 모두 마치고 드디어 복직을 했다. 무모한 도전과도 같은 결정이었다. 복직 여부를 고민할 때 회사 선배들의 얼굴이 떠오르곤 했다. 많은 워킹맘 선배들은 도대체 어떻게 10년, 20년씩 일을 해내고 있는 걸까. 궁금함과 동시에 무한한 존경심이 피어났다. 출산을 하기 전에는 주로 바쁘고 힘든 부서에는 남자 선배들이 있고, 여자 선배들은 비교적 편한 부서에 있는 것이 의아했다. 그런데 이제는 여자 선배들이 그냥 회사에 남아 있는 것만으로도 대단하고 존경스럽다.

애초에 '슈퍼맘'이 되겠다는 욕심 따위는 없었지만 일도, 육아도, 집안일도, 어느 것 하나 잘하는 게 없는 것 같아 자책감이 들 때가 많다. 회사로 돌아온 뒤, 하루하루를 허덕이는 느낌으로 살면서 매일 자신에게 묻게 된다. 이렇게 사는 게 맞는 걸까? 이 생각은 복직을 하고 1년이 훌쩍 지난 지금까지도 가시질 않는다.

　하루 24시간이 이렇게 짧았나 싶을 만큼 늘 여유가 없다. 오전 8시 집에서 나와 9시부터 오후 7시 넘어서까지 회사에서 일한다. 일찍 집에 돌아오면 저녁 8시 반. 베이비시터 이모님에게 오늘 아이에게 있었던 일을 전해 듣는다. 옷을 갈아입고 9시부터 저녁 준비에 들어간다. 저녁 식사를 하고 나면 금세 밤 10시를 넘긴다. 워낙 늦게 자는 아기였지만 복직 이후로 자는 시간이 더 늦어졌다. 아이를 씻기고 같이 책을 좀 읽다 재우면 밤 12시가 넘는다. 거실로 나와 바라본 집 안은 전쟁터를 방불케 한다.

　정리라도 조금 할라치면 금방 새벽 1시가 다 되어간다. 겨우 잠자리에 누우면 그토록 정신없던 온종일 나는 도대체 무얼 했는지, 허탈함이 밀려온다. 여유와 틈이 전혀 없었는데 그마저도 어떻게 지나갔는지 알 수 없다. 쫓기듯 잠에 든다. 한 달에 두세 번은 시간 맞춰 출근하신 베이비시터 이모님이 나를 깨우기도 한다. 아침 7시에 일어나는 게 갈수록 버거워졌다. 집에서 8시에는 출발해야 9시 출근이 가능한데, 몇 번이나 7시 50분을 넘겨서 일어났다. 그것도 이모님이 깨워서. 어찌나 부끄럽고 민망한지 괜한 변명을 늘어놓았다. "밤에 아이가 엄청 깼어요", "어제 아이가 너무 늦게 자서 힘들었어요." 이모님이 내게 뭐라고 하는 것도 아닌데 그 순간이 너무 창피해 괜한 아이 핑계를 대기도 했다.

　회사에서는 "늦어서 죄송합니다"라는 사과가 아침 인사가 돼버

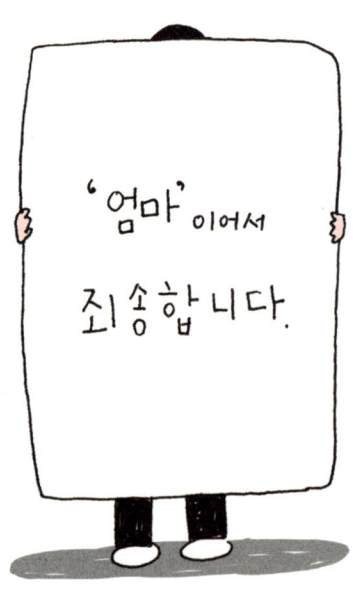

렸다. 하다못해 아이 어린이집에도 매번 죄송하다고 한다. "아침에 바빠 알림장을 제대로 못 적어서 죄송합니다", "서류를 제때 제출하지 못해 죄송합니다", "아이가 지각을 해서 죄송합니다." 어디서나 죄송하다는 말을 달고 산다.

  일주일에 두어 번 야근을 한다. 복직을 한 뒤에는 내근 부서인 온라인뉴스부에서 근무하는데 특성상 재택근무로 야근을 하게 돼 있다. 재택 야근은 오후 6시부터 자정까지 하면 된다. 처음에는 다행이라고 생각했다. 집에서 조금 더 아기를 볼 수 있을 테니 말이다. 그런데 막상 실제로 해보니 집에서 야근하는 시간이 제일 고달팠다. 사실 아이를 데리고 일을 한다는 것은 거의 불가능했다. 컴퓨터만 붙잡고 있는 엄마가 못마땅한 아이는 심하게 보채고 안아 달라고 졸랐다. 기분이 좋아지면 식탁 위로 올라와 컴퓨터를 깔고 앉으며 마우스 만지는 놀이에 빠지기도 했다. 도저히 일을 할 수가 없었다. 아이를 어르고 달래고 울리기까지 했다가 점점 뽀로로의 힘을 빌리는 시간이 늘어갔다. 아기를 아기띠에 안고 억지로 재운 다음에야 겨우 일을 할 수 있었다. 그런데 차츰 재택 야근에 익숙해질수록 남편의 퇴근 시간이 점점 늦어졌다. 처음 몇 번은 칼퇴근을 하는 것 같더니 점점 미안하다는 말로 대충 얼버무리고 지나가는 식이다. 재택 야근이라지만 엄연히 일을 하는 것인데, 차라리 '저는 회사에 자정까지 남아서 일을 하겠다'고 회사에 말씀드리고 싶은 것을 몇 번이나 꾹 참아야 했다.

## 아픈 아이보다 회사 걱정이 먼저

복직 후 반나절 내내 어린이집에 머물게 된 아이는 콧물이 늘었다. 복직하고 두 달 남짓 동안 아기를 데리고 여섯 번 병원에 갔다. 세 번은 토요일 아침 예방접종을 하기 위해서였고 나머지 세 번은 평일 퇴근 직후 아이 감기 증상 때문이었다. 내가 어렸을 때에는 웬만한 감기에도 약을 잘 먹지 않고 이겨냈던 것 같은데, 아기에게는 얼른 약부터 먹이게 된다. 되도록 휴가를 쓰고 싶지 않아서다.

  1년 동안 내가 쓸 수 있는 휴가일 수는 정해져 있지만, 어린이집 여름방학과 겨울방학 그리고 아이가 심하게 아플 경우 등등 휴가 쓸 일은 너무 많다. 툭하면 아이 핑계를 대고 휴가 쓴다는 뒷말은 듣고 싶지 않았다. 맞벌이 아이라 콧물이 줄줄 흐르는데 어린이집에 보냈다거나 다른 아이들에게 피해를 준다는 식의 눈초리도 피하고 싶었다. 무엇보다도 온종일 남의 손에서 보살핌을 받아야 하는 아기이니 많이 아프지 않았으면 했다. 그래서 아이가 아프면 한밤중이라도 무조건 병원에 데려갔다. 동네에 자정까지 문을 여는 병원과 약국이 있어 얼마나 고마운지 모른다. 그래도 다음날 아침 어린이집 가방에 감기약을 챙겨서 보낼 때는 이루 말할 수 없이 불편한 마음이다.

  이렇게 해도 아이 때문에 휴가를 써야 하는 날들은 생기게 마련이다. 어린이집 여름방학 4박 5일 중 사흘은 이모님께 간곡히 부탁을 드렸고, 나머지 이틀은 내가 휴가를 냈다. 아이가 수족구에 걸려 어린이집에 도저히 갈 수 없고, 바깥 활동도 할 수 없게 됐을 때에도 사흘 휴가를 냈다. 불행 중 다행으로 주말이 껴서 금요일부터 다음 주 화요일까지 닷새를 쉴 수 있었다. 절묘하게 날짜를 맞춘 아기의 수족구가 고마울 지경이었다.

## 밤 11시, 분노의 설거지

격주로 주말 근무를 해야 하는 상황이라 출근하는 일요일에는 남편이 오롯이 육아를 전담하고 있다. 남편 역시 주말 근무가 있다. 서로 겹치지 않도록 조정해서 남편은 토요일에, 나는 일요일에 근무를 한다. 그러다 보니 세 가족이 주말 이틀을 함께 보낸 날이 그리 많지 않다. 그나마 그것도 가족 행사, 각종 모임과 경조사 등 외적인 일정으로 채워지곤 했다. 주말은 주중보다 더 바쁘다. 주말에도 어김없이 일찍 일어나는 아이와 아침부터 놀아주고, 밀린 집안일을 하고, 오후에 1시간가량 놀이 수업에 참여했다가 끝나면 나들이를 간다. 아이가 햇볕을 쬐며 꽃구경을 하고 뛰어놀 수 있도록 매주 새로운 공원을 찾아다니기도 했다. 저녁이 되면 외식을 하고 일주일치 장을 봐 들어간다. 그때부터 해야 할, 남은 집안일이 또 있고, 아이가 며칠 동안 먹을 반찬과 국을 만들어야 한다. 항상 비슷한 메뉴만 만들어 먹이게 되지만 그거라도 해주고 싶다. 일요 근무가 있는 한 주는 토요일에 웬만한 걸 다 해결해 놔야 하니 시간이 더 부족하다. 매주 주말 밤 12시가 다 되도록 설거지를 하다 보면 있는 대로 짜증이 나곤 한다.

　복직하고 반년 정도를 이렇게 보내다 보니 일요일 밤 11시가 되면 주체할 수 없는 화가 밀려왔다. 남편 역시 주말에 쉬지도 못하고 열심히 도와주었지만 늘 우리에게는 다음날 자정이 될 때까지 할 일이 쌓여 있었다. 너무 버겁고 무겁게. 그래서 밤 11시 설거지를 할 때마다 화가 났다.

　오히려 회사 안에 있을 때는 숨통이 트였다. 떨어뜨려 놓은 아이 생각에 애틋하기는 했지만 그래도 회사에서는 내 의지대로 대부분의 것을 할 수 있다. 이유도 알 수 없이 아이가 소리를 지르거나 떼를 부리는 등의 돌발 상황도 회사생활에서는 별로 없다. 일을 하고 있으면 마음이 편하고 쉽게 느껴진다. 반면 가장 힘들고, 하기 싫고, 또 못하는 것이 바로 집안일이다.

　원래 꼼꼼한 성격도 아니고 집안일에 소질도 없다. 그래서 잘하려는 욕심은 아예 처음부터 없었다. 그래도 집에 매일 아이 봐주시는 이모님이 드나들고 어린아이가 있으니 최소한의 정리는 해놓고 살고 싶은데, 그것조차 왜 이렇게 버거운지 모르겠다. 평일에 퇴근하고 저녁 식사를 마치면 이미 10시가 다 되어 있다. 너무 늦은 시

최소한의 정리는 해놓고 살고 싶은데,
그것조차 왜 이렇게 버거운지 모르겠다.
늘 다음날 자정이 될 때까지 할 일이 쌓여 있었다.
너무 버겁고 무겁게.

간이라 청소기를 돌릴 수도 세탁기를 쓸 수도 없다. 그러나 아이의 발바닥이 시커멓게 변했을 때는 어쩔 수 없이 민폐인 줄 알면서도 그 시간에 청소기를 돌렸다. 다음날 입을 속옷까지 똑 떨어진 날에도 밤에 세탁기를 돌리지 않을 수 없었다.

신혼 때에는 요리도 곧잘 해먹었는데 아기가 생긴 뒤부터는 매 끼니를 챙겨 먹는 것이 매우 부담스럽다. 그나마 복직한 뒤에는 점심 식사를 회사에서 해결할 수 있어 좋다. 복직한 첫날에는 기념으로 근사하게 저녁상도 차렸다. 그러나 하루 만에. 집에 도착하자마자 체력이 바닥났다. 이모님과 교대하기 위해 서둘러 퇴근을 하다 보니 장을 볼 시간은 아예 없다. 이모님이 빨리 오라고 닦달을 하는 것도 아니고 조금 늦어도 흔쾌히 양해를 해주는 분이지만 이상하게 집 근처 슈퍼마켓에 들어갈 여유조차 없다. 회사에서 지하철역까지 종종걸음을 치고, 계단을 뛰어 내려가 지하철에 몸을 싣는다. 퇴근길이 아침보다 더 조급하다. 약속한 시간을 넘기면 뭔가 큰일이라도 날 것 같은 마음이 든다. 지하철에서 내리면 또 버스를 타고 20분 남짓 움직여야 하는데 이 시간이 아까워 택시를 잡아타는 적도 많다. 바쁜 퇴근길은 곧 두 번째 출근길이다.

육아휴직 기간 동안에도 배달 음식을 애용했지만, 복직 이후에는 더더욱 배달 음식 전화번호부를 붙들고 지낸다. 복직한 다음날부터 일주일 동안 매일 배달 음식을 시켜 먹었다. 짜장면, 피자, 치킨, 찜닭에 떡볶이까지. 온갖 종류로 시켜먹다 보니 배는 찼는데 몸이 통퉁 붓는 느낌이 들었다. 그다음부터는 가끔씩 반찬을 배달시키기 시작했다. 냉장고에 가득 채워진 반찬을 보면 든든했지만, 그걸 꺼내 상을 차릴 때면 남편에게 "제대로 챙겨주지 못해 미안하다"는 말을 하지 않을 수 없다. 혼자라면 김치 한 접시로도 밥을 뚝딱 해결하겠지만, 남편의 저녁 식사는 아무리 불량주부라 해도 신경이 쓰인다. 친정엄마 옆에 살면서 반찬을 얻어다 먹는 친구가 제일 부럽다. 내 입맛에 딱 맞는 엄마가 해주는 밥, 그걸 먹으면 나도 더 힘내서 버틸 수 있을 것 같다.

## 오늘 하루도 끝까지 버텨

남편은 가부장적이지도 않고 반찬 투정을 하지도 않는다. 육아와 집안일을 성심성의껏, 최대한 나눠서 하려고 애쓴다. 문제는 아침 6시에 집에서 나간 뒤 오후 6시 회사에서 칼퇴근을 해도 겨우 밤 9시에 집에 돌아온다는 것. 하지만 칼퇴근도 어쩌다 한 번 있는 일이다 보니 남편이 자는 시간을 빼고 집에 있는 시간은 하루에 3~4시간에 불과하다. '하숙생'이나 다름없다.

  우리 집 하숙생은 청소기 돌리기와 쓰레기 버리기, 분리수거를 전담하고 나머지 집안일을 돕는다. 꼼꼼해서 나보다 더 집안일을 잘하지만 나는 항상 부탁을 하는 입장이 된다. "다른 것 다 안 해도 되니 청소만 제때 해달라"고 수없이 당부했지만, 주말마다 "미안한데 청소기 좀 돌려줄래요?"라고 말해야 움직인다. 남편이 알아서 집안 정리를 해줘도 내 입에서는 꼭 "미안하다"는 말이 나온다.

복직하고 반년 정도가 훌쩍 지나자 나 스스로 과부하에 걸렸다는 느낌이 들어 견딜 수가 없었다. 제발 일주일에 한 번씩만이라도 가사도우미의 도움을 받아보자고 남편에게 애원했다. 하지만 돌아오는 말은 "내가 다 할게. 그런 데 돈 쓰지 말자"였다. 그러면서 나는 집안일에 신경 쓰지 말고, 스트레스도 받지 말라고 한다. 말이 좋지 그러면서 매일 밤, 도저히 청소기를 돌릴 수도 없는 밤 11시에 현관문을 열고 들어오는 남편을 보면 더 이상 잔소리를 늘어놓을 힘도 없다. 남편은 늘 큰소리만 쳤지 집안일을 할 때마다 내게 일일이 물어보거나 마무리를 야무지게 짓지 못한다. 한참 동안 요란하게 설거지를 했지만 싱크대 안에 놓인 그릇만 닦을 뿐, 식탁에 남은 그릇 몇 개는 결국 내가 마저 치워야 하는 식이다.

2014년 통계청의 사회 조사 결과 가사를 공평하게 분담해야 한다는 생각은 47.5퍼센트로 부부의 가사 분담에 대한 인식이 점점 달라지고 있다(2002년에는 30.7퍼센트). 가사를 부인이 주도해야 한다는 생각도 2002년 65.9퍼센트에서 2014년 50.2퍼센트로 계속 감소 중이다. 그러나 실제 가사를 부부가 공평하게 분담하고 있느냐에 대한 질문에 남편은 16.4퍼센트, 부인은 16.0퍼센트로 답함으로써 가사 분담에 대한 생각과 실제에는 큰 차이가 있음을 알 수 있음을 드러냈다. 맞벌이 가구의 가사노동시간은 남자 40분, 여자 3시간 14분으로 5년 전보다 남자는 3분 증가했고 여자는 6분 감소했다.[14] 한국여성정책연구원의 연구 보고서에서는 영아기(0~2세) 자녀를 둔 취업 여성의 평일 평균 육아 시간이 4.2시간으로 조사됐다. 남편은 1.8시간이었다.[15] 나도 하루를 풀타임으로 일하고 돌아오지만 가사 노동·육아 시간의 양은 남편과 확실히 차이가 난다. 두 사람이 각각 집에 머무는 시간부터 아예 다르다. 남편이 왕복 4시간이나 걸려 출퇴근을 해야 하는 상황은 내게도 고역이다. 1년을 겨우겨우 버텨내고 다음에는 반드시 남편의 회사와 좀 더 가까운 곳으로 이사를 가자고, 말은 했다. 그런데 좋은 이모님, 이미 아이가 완벽하게 적응한 어린이집 생활 등을 생각하면 새로운 곳으로 터전을 옮긴다는 일이 그리 쉽지 않다.

당장은 큰 욕심 없이, 그저 아이가 아프지 않고 좋은 사람들의 보살핌을 받으며 밝게 자라주고 있는 것에만 감사해야 한다고, 생각은 한다. 내가 지금 이렇게 고생을 하는 것도 다 아이에게 도움이 될 거라고 다독인다. 그래도 자꾸 위축이 된다. 몸은 너무 고되고 기껏 번 돈의 절반가량은 이모님에게 보내야 한다. 회사에서도 당분간은 '아이 키우는 여사원'으로밖에 딱히 존재감이 없다. "내근 부서에 있는 게 애 키우는 데 좋지?"라는 배려가 한편으로는 거북하기도 하다. 살나가는 동기나 후배들을 보면 마음이 복잡하다. 집은 늘 엉망이고, 쉬지 않고 계속 일을 하지만 제대로 티가 나는 건 아무것도 없다. 그리고 남편과 아이에게는 항상 미안하다.

무엇보다도 아이를 내가 직접 키우던 첫 1년 동안은 내가 아이의 모든 '처음'을 함께했는데, 그 기회가 점점 줄어들고 있다는 게 많이 아쉽다. 복직하고 두 달쯤 됐을 때, 날씨가 따뜻해지면서 아이가 이모님과 처음 놀이터에 가서 놀았다. 이모님이 시소에 탄 아이 사진을 보내주었는데 울컥했다. 처음 놀이터에서 데려간 사람이 엄마인 내가 아닌 이모님이었다는 게 괜스레 서운했다. 그날 밤 깜깜하고 텅 빈 놀이터에 아이를 데리고 나가 같이 그네를 탔다. 시간이 지날수록 그 처음을 놓치는 일은 더더욱 많아졌다. 퇴근하고 돌아오면 이모님이 하루 동안 있었던 일들을 즐겁게 이야기해주는데, 가끔은 그런 이모님이 부럽고 또 내 처지가 아쉽다.

육아 커뮤니티에 올라오는 직장맘들의 애환을 보며 공감하고 조금이나마 위안을 하며 지낸다. '그래, 시어머니에게 아이를 맡겨 매일 시댁에 가 눈칫밥을 먹어야 하는 것보단 낫지', '집안일에는 손도 안 대고 매일 늦게까지 회식을 하는 남편들보단 낫지', '아이가 어린이집이나 이모님께 적응을 못해 힘들어하는 것보단 낫지.'

직장맘 사이에서 서로를 위로하는 데 자주 쓰는 말이 있다. 잘하는 사람이 아닌 끝까지 버티는 사람이 진짜 이기는 거라고. 이렇게 하루하루를 고되게 보내지만, 그래도 아기가 아직 어린 지금이 그나마 편안하고 안정된 시간이라는 사실을 되새긴다. 유치원, 초등학교 그리고 이후까지, 다가올 고비마다 씩씩하게 버티고 이겨낼 수 있기를. 매일 아침 문 앞에서 엄마를 따라가겠다고 신발을 신으려는 아이를 뒤로하며 의지를 다진다.

## 엄마의 사춘기

비교적 나를 잘 안다고 생각했다. 그런데 착각이었다. 아기가 태어난 뒤부터 끊임없이 나 자신에 대해 밑바닥까지 들여다보게 된다. 아기가 있기 전의 나와 지금의 나는 완전히 다른 사람 같다. 내가 어떤 사람인지, 어떻게 살아왔는지, 또 앞으로 어떻게 살아야 할지를 나이 서른을 넘기고, 엄마가 되어서야, 비로소 조금씩 깨닫고 있다.

아이를 키우며 숨 막히는 일과를 버텨내면서, 다른 한편으로는 나 자신에 대한 끝없는 고민을 했다. '이 아이를 어떻게 키워야 할까?', '내가 어떤 엄마가 되어야 할까?'라는 질문은 곧 '나는 누구인가?'라는 질문으로 이어졌다.

내 품에 안겨 곤히 자고 있는 아기의 얼굴을 보고 있노라면 내가 어떤 엄마가 되어야 하는지 생각하지 않을 수 없었다. 이 아이가 잘 자랄 수 있도록 최대한 좋은 영향을 주는 엄마가 되고 싶었다. 내 아이가 밝고 모나지 않은 성격으로 많은 사람들에게 사랑을 받고 또 사랑을 베푸는 사람이 되기를 바랐다. 이는 곧 '내가 아기에게 그런 영향을 줄 수 있는 엄마인가?' 하는 질문으로 이어졌다. 아이는 내 성격과 생활 방식을 보고 배우며 자랄 것이다. 그렇다면 나는 과연 어떤 사람인가? 성찰의 시간이 이어지면서 육아 우울증도 깊어졌다. 생각을 하면 할수록 내가 썩 좋은 사람처럼 느껴지지 않았기 때문이다.

내가 어떤 말과 행동을 보고 자랐는지도 곱씹어보게 됐다. 부모님에게 과분한 사랑을 받으며 자랐다고 생각했는데 이상하게도 몇몇 아주 사소한 일들, 상처받았던 일들이 생생하게 떠올라 마음이 괴로웠다. 초등학교 6학년 때 방과 후 활동으로 플루트를 배우고 싶다고 했더니 엄마가 "어차피 곧 졸업을 할 건데 피아노나 더 열심히 하라"면서 두 살 터울의 동생에게만 플루트를 사주셨다. 동생이 집에 없을 때 몰래 플루트를 꺼내 혼자서 악보를 보며 '도레미파솔라시도'를 불었다. 초등학교 4학년 때는 열 살 차이 나는 막냇동생을 괴롭혔다고 아빠가 크게 화를 내신 적이 있다. 갑자기 당시의 장면이 마구 떠오르면서 그때부터 아빠가 어려워지고 사이도 어색해졌다는 생각을 하게 되었다. 별일도 아닌, 단 몇 가지의 일들만으로 부모님에게 상처받았던 순간들이 조립됐다. 맏이로 태어났다는 이유만으로 어렸을 때부터 항상 동생들에게 양보하고 부모님의 어려움을 이해하며 자랐는데, 아기를 키우느라 이렇게 힘이 들 때에도 부모님이 동생들 때문에 나를 옆에서 챙겨주시지 않는다는 원망을 나도 모르게 하게 되었던 것 같다. 정말 말도 안 되는, 딱 세 살짜리 아이 같은 유치한 마음이었다.

아기가 태어나고 7개월 정도를 외부와 철저히 단절된 생활을 할 때에도 이렇게 완벽하게 고립된 생활을 하게 된 것이 모두 내 잘못된 인간관계와 부족한 사회생활의 결과인 것 같았다. 어린 시절에 남아 있던 불행한 기억 한두 조각부터 사회생활을 하며 누군가에게 실수를 했던 일들까지 모조리 떠올랐다. 벌써 10년이 지난 학창 시절은 물론이고 사회 초년병 시절의 기억들도 부메랑처럼 돌아왔다. 고마운 사람에게 제대로 마음을 표현하지 못한 일, 생각지도 못하게 다른 사람에게 상처를 준 기억들이 밀물처럼 쏟아지듯 떠올랐다. 상대방은 잊었을 수년 전의 일 때문에 괴로워하며 밤잠을 설치기도 했다. 이불을 걷어차고 어디에 숨고 싶었다. 이런 나와 달리 다른 엄마들은 아이도 수월하게 키우는 것 같고 별로 우울해 보이지도 않았다. 나만 힘든 것 같았다. 결국 내가 잘못 살아서 이렇게 되었다는 생각이 들었다.

〈대한보건연구〉에 실린 '보육 형태와 가사 노동 분담이 기혼 여성의 우울 수준에 미치는 영향' 보고서를 보면 가정에서 혼자 아이를 키우는 엄마는 외부의 육아 지원을 받는 엄마들보다 더 많은 우울감을 느낀다고 되어 있다. 연구를 담당한 호윤정 한국여성정책연구원 위촉연구원은 보고서에서 "미취학 아동을 혼자 키우는 엄마는 일상적인 행동이 어렵고 자아실현이 힘들어진다"면서 "이런 상황이 엄마의 정신 건강에 부정적인 영향을 끼치는 것으로 보인다"고 분석했다.[16]

이 보고서를 읽으며 더할 나위 없이 깊이 공감했다. 특히 '자아실현'과 관련된 부분은 꼭 내 이야기를 하는 것 같았다. 어느덧 8년 차 직장인. 하지만 이뤄놓은 것 없이 연차만 잔뜩 쌓인 잉여인간이 된 것은 아닌가 하는 생각에 괴로웠다. 가족들이 모두 해외로 떠나도, 오랫동안 꿈꿔온 일을 할 수 있었기에 홀로 이곳에 남았는데, 지금껏 힘들게 쌓아올린 모든 것을 내려놓고 언제고 회사를 그만두어야 할지도 모른다는 생각에 한숨이 나왔다.

마음은 빨리 직장 생활에 적응해, 현장에서 좀 더 많은 것을 배우고 싶은데 "당분간 아이 키우기 좋은 부서에 있는 게 좋겠지?"라는 배려의 목소리들이 쏟아질 때면 자연스럽게 인사 발령 대상에서도 밀려난 것 같았다. 그렇다고 회사의 배려를 당당하게 거절할 수도 없는 상황이 더 서글펐다.

이런 식이라면 회사에서 얼마나 버틸 수 있을까. 아기에게 그 많은 희생을 감수시키면서 여기까지 왔는데 이렇게 발버둥치고 애쓰는 것이 과연 무슨 소용인가, 하는 생각에 허무함이 밀려들었다.

## 왜 더 치열하게 살지 못했을까?

우울한 감정들이 덮쳐왔을 때 가장 후회되는 것은 '왜 그동안 더 열심히 살지 않았는가' 하는 점이었다. 좀 더 일찍 나 자신이 어떤 사람인지를 깨닫고 시간이 있었을 때 그야말로 '미친 듯이' 열정을 퍼부었다면 어땠을까?

돌이켜 보면 난 항상 어중간한 삶을 살아왔다. 학교 다닐 때 성적도 그냥 평균 이상으로 고만고만, 성적에 맞춰 대학과 전공을 결정했다. 대학에 들어가서도 친구들을 만나 노는 데 시간을 허비했다. 그렇다고 '좀 놀았다'고 할 만큼 제대로 놀아본 것도 아니다. 그냥 공강 시간에 친구들과 삼삼오오 카페에 앉아 수다를 떠는 게 다였다. 2~3시간씩 눌러 앉아 온갖 주제로 이야기를 나눴지만, 그중에 지금까지 기억에 남는 대화는 거의 없다. 배낭여행을 훌쩍 떠날 용기도, 고시 공부에 매달릴 만한 열정도 없었다. 어학연수나 교환학생을 꿈꿀 형편도 못 되었다. 기억에 남는 이벤트가 거의 없다. 취업 준비를 위해 토익 학원을 기웃거렸고, 그저 학점을 잘 주는 교양 과목을 선택해 들었다. 진짜 교양과는 거리가 있는 것들이었다. 지성의 전당이라는 대학에서 인문학을 전공했지만 인문학적 소양을 충분히 갖춘 인간이 되었는지는 잘 모르겠다. 전공도 두 가지나 했지만 늘 학점을 채우는 데 주력하느라 제대로 내 것이라 할 만한 전공이 뭔지도 잘 모르겠다. 시험 때가 되면 벼락치기로 바짝 공부해서 학점을 따내는 데만 급급했지 진지하게 학문적 탐구를 하지도 않았다. 그렇게 어영부영 대학 4년의 시간을 흘려보냈다.

그토록 원하는 일을 하기 위해 어렵게 언론사에 입사했지만, 초년병 기자 시절에는 선배들의 지시를 소화하는 것만도 너무 벅찼다. 생각해보면 좀 더 적극적으로 또 주체적으로 일할 수 있는 기회는 얼마든지 있었는데 힘들다는 핑계로 스스로 "이만하면 됐지" 하고 넘어간 순간이 너무 많다. 야근이나 취재원들과의 회식도 그저 '버티자'는 생각으로 넘겼고, 일찍 집에 간 날은 피곤하다는 이유로 주구장창 텔레비전만 보다 잠이 들었다. 주말이 되면 하루에 얼마나 많이 잘 수 있는지 실험이라도 하듯 잠만 잤다.

그렇게 허비한 학창 시절과 사회 초년병 시절의 시간들이 지금에 와서야 너무 아깝게 느껴졌다. 깊은 후회가 밀려왔다. 이제는 내가 정말 좋아하는 게 무엇이고, 내가 정말 꿈꾸는 게 무엇인지 뚜렷이 알 것 같은데, 이제는 무엇이든 할 수 있을 것 같은데, 용기도 있고 돈도 있는데 자유와 현실적인 여유가 없다. 무엇보다 나만의 시간이 없다. 나에게 주어지는 자유 시간은 출퇴근길 2시간 남짓과 점심시간뿐이다. 저녁에 약속 하나라도 잡으려면 남편이 일찍 퇴근할 수 있는지부터 물어야 한다.

 퇴근 후 있는 힘껏 웃으며 나를 반겨주는 아기를 보면 세상을 다 가진 것처럼 행복하지만, 그래도 가끔씩, 친구들의 계획이 내게는 몇 년 뒤로 미뤄질 수밖에 없다는 사실을 받아들이기 힘들다. 더 솔직히는 '미뤄지는 것'이 아니라 아예 '사라지는 것'이 아닐까 두렵다. 어느 날은 남편에게 왜 내게 결혼하자고 했냐며, 그래서 왜 친구들보다 일찍 결혼을 하게 만들었냐고 따지기도 했다. 또 어느 날은 잠들기 전 아침에 눈을 뜨면 이 모든 게 꿈이었으면, 다시 꿈 많고 순수한 여고생으로 돌아가 있으면 좋겠다는 말 안 되는 상상을 하기도 했다. 그야말로 '중2병'이 따로 없었다. 그리곤 이런 생각들을 했다는 자체에 또 다시 죄책감을 느꼈다.

 뒤늦게 다시 찾아온 사춘기는 혹독했다. 사춘기 소녀일 때보다 더 어둡고 한 치 앞도 알 수 없는 캄캄한 터널을 한 발짝씩 걸어 나가고 있는 기분이었다. 그나마 잠깐 위로를 얻은 일이 있다. 아이가 셋인 지인이 SNS에 남긴 글이었는데 "아이가 하나일 땐 왜 혼자일 때 더 열심히 살지 않았나 후회했고, 아이가 둘일 때는 왜 아이가 하나일 때 더 열심히 살지 않았을까 후회했다. 지금 아이가 셋이 되고 보니 왜 아이가 둘일 때 더 열심히 살지 않았을까 후회된다." '그

아이가 하나일 땐 왜 혼자일 때 더 열심히 살지 않았나 후회했고,
아이가 둘일 때는 왜 아이가 하나일 때 더 열심히 살지 않았을까
후회했다. 지금 아이가 셋이 되고 보니 왜 아이가 둘일 때
더 열심히 살지 않았을까 후회한다.

래, 다들 비슷한 생각을 하며 살고 있구나, 나는 그나마 아이가 하나이니 좀 여유로운 상황이구나' 하고 애써 마음을 다독였다. 이 질풍노도의 시기를 잘 거치고 나면 나는 엄마로서, 또 나로서 한 단계 더 성숙해져 있을까.

## 아이 손에 뽀로로 쥐여준 엄마의 반성문

아이가 말을 하기 시작하면서 육아의 새로운 차원이 열렸다. 매일 밤 아이가 잠자리에 누워서 "엄마, 사랑해요"라고 어설픈 발음으로 말해줄 때의 감격스러움은 이루 말로 다 표현할 수가 없다. 귀여운 목소리로 종알종알 대화를 이어가니 신기하고 감사하고 마냥 예쁘다. 선배 엄마들은 지금이 가장 예쁠 때라며 아이와의 시간을 충분히 즐기라고 조언해준다. 그런데 언제부턴가 이렇게 예쁜 아이가 기다리는 집에 들어가기가 겁이 나기 시작했다. 내 얼굴만 보면 "뽀야(뽀로로), 뿔리(로보카 폴리)"를 외쳐대는 아이를 마주할 자신이 없어서다.

아이를 낳은 뒤에도 얼마간은 대체 왜 어린아이에게 스마트폰을 쥐여주는지 이해할 수 없었다. 대형 마트에서 유모차에 앉아 있는 아이가 유모차 안전 바에 거치대까지 설치해놓고 스마트폰에 빠져 있는 모습은 약간 충격적이기까지했다. 식당에서도 스마트폰을 뚫어져라 보며 밥을 먹는 둥 마는 둥 하는 아이들의 맥없는 눈빛도 안쓰러워보였다. '엄마 아빠는 대체 뭘 하고 있는 거야?' 하며 그 부모들을 힐끗 쳐다보곤 했다.

그랬던 내가 이제는 아이와 꽤 오랜 시간 동안 스마트폰과의 전쟁을 벌이고 있다. 어느 날은 무려 2시간 가까이 아이가 꼼짝도 하지 않고 텔레비전만 보더니 한 번도 보여준 적 없는 '로보카 폴리'의 주제곡을 따라 부르고 있었다. 무언가 크게 잘못됐다는 생각이 들었다. 당장 리모콘을 들고 텔레비전을 끄자 그때부터 아기가 울기 시작했다. 불과 전날 밤까지 천사 같은 얼굴로 "엄마, 지금 뭐해요?"라고 물으며 웃음 짓던 아이였는데 떼를 쓰자 감당할 수 없었다. 이제 그만하라고 소리를 지르고 나도 목 놓아 울기 시작했다. 퉁퉁 부은 얼굴로 하루를 보냈다.

시작은 나였다. 그것이 가장 괴로웠다. 아이에게 뽀로로를 소개한 것도, 텔레비전을 틀어준 것도 나였다. 처음에는 그저 아이가 귀여운 캐릭터를 보면서 즐거워하는 모습이 예뻤다. 내가 봐도 뽀로로는 정말 잘 만든 작품이다. 톡톡 튀는 캐릭터와 선명한 색깔의 그림이 아주 섬세하고 예쁘다. 아이들의 시선을 빼앗기 충분하다. 노래는 내가 들어도 신나고 이야기도 재미있다. 내가 먼저 아이 손을 이끌고 뽀로로 파크(뽀로로 캐릭터로 꾸며진 놀이 공간)에 데려갔고,

뽀로로 인형을 안겨줬고, 장난감이나 책도 웬만하면 뽀로로 그림이 있는 걸로 사줬다. 아이 손에 닿는 물건치고 뽀로로가 그려져 있지 않은 것이 없었다. 뽀로로가 뭔지도 모르는 아기에게 "이게 네 친구야"라며 뽀로로를 세뇌시킨 것이나 다름없었다. 그러니 아이가 뽀로로에 그리고 뽀로로를 만날 수 있는 스마트폰에 중독되는 것은 당연했다.

스마트폰을 처음 보여준 것은 차 안이었다. 카시트를 강하게 거부하며 '탈출'까지 하는 아이를 가만히 앉아 있게 하려는 용도였다. 움직이는 차 안에서 무언가를 보여준다는 것이 마음에 걸렸지만 그래도 안전이 더 중요하다고 위안하며 멀찍감치 스마트폰을 들고 뽀로로를 보여줬다. 카시트에서 꺼내달라고 발버둥을 치던 아이는 작은 화면을 빤히 바라보더니 울음을 그쳤다. 그 모습이 너무 신기하고 또 귀엽기도 했다. 그렇게 서너 번 하다 보니 카시트에 가만히 앉아 있는 습관이 바로 들었다. 뽀로로는 그야말로 특효약이었다. "우는 아이 뽀로로 틀어준다"는 말이 와 닿았고, 이래서 '뽀통령, 뽀통령' 하는구나 싶었다.

아이가 본격적으로 텔레비전으로 뽀로로 동영상을 보는 것에 익숙해진 것은 복직한 뒤였다. 일주일에 한두 번 재택근무를 하는 날 놀아달라고, 안아달라고 떼쓰는 아이를 안고 노트북을 만질 수가 없었다. 한동안 아기를 둘러업거나 아기띠로 안아가며 일을 하다가 텔레비전을 틀어주었다. 3분 남짓의 동요가 연속으로 30~40분

동안 나오는 '뽀로로와 노래해요'를 틀어놓고 아이를 소파에 앉혔다. 집은 평화를 찾았고 나는 일을 할 수 있었다. 아이는 화면 속에서 뽀로로가 등장할 때마다 세상을 다 가진 듯한 표정을 지으며 즐거워했고 "안녕, 뽀야~" 하며 손을 흔들었다. '바라밤' 같은 신나는 노래가 나오면 일어나서 들썩들썩 춤을 추는데 그 모습이 너무 귀여워서 그 노래만 반복해서 틀어주기도 했다.

그러고 보니 몇 달 새 스마트폰을 안 보여준 날이 없었다. 친구와 만나 식사를 하고 차를 마실 때에는 커피 잔에 스마트폰을 세워놓고 동영상을 틀어주었고, 양손 가득 짐이 많은 날 아이가 안아달라고 조를 때에는 아예 스마트폰을 아이 손에 쥐여주었다. 회사 일, 집안일을 핑계로 놀아달라는 아이를 뒤로 하고 뽀로로 동영상을 틀어주었다. 아침 잠이 간절한 날, 아침 일찍 일어나 밖에 나가자 조르는 아이에게 스마트폰을 넘겨주고 잠이 든 적도 있다. 당시에는 나름대로 절제해서 조금씩만 동영상을 보여줬다고 생각했는데 다시 생각해보니 언제 어디서든 아이가 떼를 쓸 때, 내가 좀 쉬고 싶을 때, 또 사람들이 많은 장소에 있을 때 뽀로로의 힘을 빌렸다.

그런데 문제는 그다음이었다. 아이는 내 생각보다 훨씬 빠르게 동영상을 흡수했다. 내 몸이 조금 편해질수록 아이의 표정이 멍해지는 것을 느꼈다. 뽀로로 덕분에 잠시 자유를 얻었지만 텔레비전을 끄는 순간 그보다 곱절은 더 큰 화가 찾아왔다. 꼼짝도 하지 않고 텔레비전 화면만 응시하던 아이는 뽀로로가 사라지는 순간 또

언제 어디서든 아이가 떼를 쓸 때,
내가 좀 쉬고 싶을 때, 또 사람들이 많은 장소에 있을 때
뽀로로의 힘을 빌린 대가는 혹독했다.

다른 자아가 생겨난 듯이 울부짖었다. 그 모습을 보며 괴로움에 눈물을 쏟았다. '이 아이를 내가 이렇게 만들었구나' 하고 자책했다. 두 돌 이후까지도 아이에게 텔레비전이나 스마트폰을 일체 보여주지 않는다는 엄마들, 천연기념물처럼 스마트폰이 무엇인지도 잘 모르는 아이들을 볼 때면 우리 아이는 부족한 엄마 때문에 너무 일찍 스마트폰에 물들었다는 생각이 들어 부끄러웠다.

사실 아이는 뽀로로에 노출되기 한참 전부터 늘 한 손에 스마트폰을 쥐고 있는 엄마의 모습에 익숙해져 있었다. 온종일 아이를 남에게 맡겨두었으면서도 집에 돌아와서도 아이에게 집중을 하지 못하고 텔레비전을 켰다. 아이가 좋아한다고, 내 한 몸 조금 더 편하자며 아이에게 스마트폰을 쥐여주었다. '그래도 나는 덜 보여주는 편'이라고 애써 위안했다. 스마트폰 이용이 어린아이들의 두뇌나 사회성에 악영향을 끼친다는 연구 결과나 기사는 일부러 외면하기도 했다.

### 왜 영아들이 스마트폰을 더 많이 보나?

아이는 두 돌도 안 된 나이가 믿겨지지 않을 만큼 능숙하게 스마트폰을 다루고 있었다. 사진이 저장된 폴더를 혼자 열어보고, 그중에 자기가 찍힌 동영상을 틀어보며 재미있어 했다. 뽀로로 동영상을 보여주던 유튜브 어플리케이션까지 찾아내 스스로 동영상을 보기까지 했다. 행동 발달이 빠른 아이는 스마트폰과 관련된 부분에 있어서도 다른 아이들을 앞지른다고 한다. 2014년 육아정책연구소의 '영유아 스마트폰 노출 실태 및 보호 대책' 보고서를 보면 유아(3~5세)의 68.4퍼센트와 영아(0~2세) 34.9퍼센트가 스마트폰을 이용한 것으로 조사됐다. 최초 이용 시기는 평균 2.27세로 만 3세가 되기 전에 이미 스마트폰에 노출된다는 것이다. 우리 아이는 만 1세에 벌써 스마트폰 조작이 가능했다는 사실을 떠올리며 속이 뜨끔했다.

이 보고서에 따르면 영아의 평균 스마트폰 이용 시간이 유아보다 많은 것으로 나타났다. 그만큼 스마트폰을 이용하는 연령이 낮아졌다는 얘기다. 영유아 전체의 주중 평균 스마트폰 이용 시간이 31.65분이었는데 영아는 32.53분, 유아는 31.28분이었다. 또 스마트폰을 최초로 이용한 시기가 빠를수록 스마트폰을 이용 시간이 긴 것으로 조사됐다. 최초 이용 시기가 0세인 경우 33.45분, 1세는 32.84분, 2세 29.54분, 3세 34.42분, 4세 28.65분, 5세 24.81분이었다. 이용 장소는 대부분 가정(71.9퍼센트)이었고 다음으로 카페 및 식당(9.5퍼센트)과 같은 공공장소가 많았다. 자녀가 스마트폰을 이용하는 주된 이유는 '자녀가 좋아해서'가 70.9퍼센트로 가장 높았다.[17]

스펀지 같이 스마트폰을 쏙쏙 흡수하는 아이의 모습을 보며 덜컥 겁이 났다. 스마트폰이 세상에 등장한 지 겨우 5년 남짓. 어린아이들이 이걸 보며 자랐을 경우 훗날 어떤 결과가 도출될지는 아무도 알지 못한다. 더 이상 아이에게 뽀로로를 보여주지 않으리라 결심했다. 온종일 울렁거리는 가슴을 부여잡고 보내다가 집으로 돌아왔다. 일단 리모콘은 모두 숨기고 스마트폰을 내려놓았다. 가방만 던지고 당장 소파에 드러눕고 싶었지만 아이 옆에 꼭 붙었다. 책도 읽어주고 스티커북도 함께 가지고 놀았다. 아이 입에서 "엄마, 가"라는 말이 나올 때까지 집요하게 쫓아다녔다. 그러자 아이는 마치 "그동안 엄마가 제대로 안 놀아줘서 뽀로로만 찾은 거였어"라고 말하듯이 그날만큼은 뽀로로를 찾지 않았다.

　아이는 여전히 내 얼굴을 보면 마치 인사말처럼 "엄마 핸드폰 줘"라거나 리모콘으로 직접 텔레비전을 틀기도 한다. 한참 동영상을 보고 있는데 꺼버리면 자지러지게 우는 것도 여전하다. 그래도 몇 달 동안 씨름을 한 끝에 아이가 조금씩 바뀌어 가고 있다. 이제는 동영상을 보기 전 엄마와 얼마나 오래 볼 지를 이야기한다. 그리고 동영상이 좀 지겹다고 느껴지면 스스로 끄기도 한다. 물론 약속이 매번 잘 지켜지는 것은 아니다. 스마트폰과의 전쟁은 아직도, 앞으로도 계속 풀어가야 할 어려운 숙제다. 다만 아이를 좀 더 믿고 기다려주며 나부터 아이의 눈을 더 많이 바라봐야겠다고 다짐한다.

# 일하는 엄마의 죄책감

**장면 #1** 자고 있는 아이를 깨워 닦달을 해가며 출근 준비를 한 뒤 아이를 어린이집에 밀어 넣고 뒤도 안 돌아보고 직장으로 간다.

**장면 #2** 퇴근 후에도 계속 누군가와 전화 통화를 한다. 아이가 엄마를 불러도 본체만체하고 전화기에만 매달려 있다. 아이가 무언가를 같이 하자고 하면 "저리 가. 엄마 바빠" 하면서 아이를 밀어낸다.

**장면 #3** 아이가 잠이 든 뒤 아이의 머리를 쓰다듬으면서 "엄마가 미안해"라고 하며 눈물을 훔친다.

**장면 #4** 아이가 스케치북에 얼굴이 없는 엄마, 뒤돌아서 전화만 받는 엄마 모습을 그린다. 선생님에게 아이의 그림을 전해 받으며 따끔한 지적을 들은 엄마가 흐느낀다.

**장면 #5** 재롱잔치나 학예회 같이 중요한 날 꼭 참석하기로 약속한 엄마가 나타나지 않는다. 무대에 오른 아이는 엄마가 없는 학부모

석을 보며 슬퍼한다.

  너무 익숙해서 이상한 점조차 발견하기 힘든, 텔레비전이나 영화에서 흔히 그려지는 워킹맘의 모습이다. 나 역시 엄마가 되기 전에는 물론 실제로 워킹맘이 되고 난 뒤에도 별 생각 없이 이런 장면들을 지나치곤 했다. 그런데 얼마 전 딸아이가 열심히 들여다보는 애니메이션에 이런 워킹맘의 모습이 그려지고 있었다. 갑자기 가슴 한쪽에서 억울한 마음이 들었다.
  이뿐만이 아니다. 아이들의 문제 행동을 다루는 프로그램, 한 분야의 영재들에 관한 프로그램 그리고 사춘기 자녀와 부모의 고민을 함께 나누는 프로그램 등에도 이와 유사한 불편한 장면들은 계속된다. 해결책을 제시하기 위해 등장한 전문가는 아이가 문제 행동을 하게 된 원인을 분석하며 주로 엄마가 문제 원인의 중심에 서 있는 것으로 묘사한다. 아빠는 아주 적게 등장하거나 아예 빠져 있어도 전혀 어색하지 않다.
  그러한 프로그램에서 특히나 일하는 엄마는 더욱더 죄인이 된다. 불안정한 정서를 보이는 아이의 문제 행동 원인은 대부분 '엄마가 곁에 있어주지 않아서'로 귀결된다. 영유아의 문제 행동은 "엄마가 일을 하느라 36개월까지 완벽하게 형성됐어야 할 애착이 불안정하게 형성됐기" 때문이고, 청소년기의 문제 행동은 "엄마가 같이 안 있어줘서 외로움이 습관이 되어서"라고 한다. 그러한 프로그램들을 보고 있노라면 9개월부터 보육기관 생활을 시작한 내 아이는 정상적인 정서를 형성하지 못할 것 같은 생각이 들기까지 한다.

반면 안정적이고 아주 긍정적인 정서를 가진 아이들은 아빠가 육아에 많이 참여해서, 아이와 함께하는 시간이 많아서라고 분석한다. 아이를 영재를 만드는 데 있어 중요한 역할은 아빠라고 하면서, 아빠와 애착이 제대로 형성되지 않은 아이들에 대해서는 어떠한 문제 제기도 하지 않는다.

생각해보면 텔레비전 프로그램만이 아니다. 아이와 관련된 모든 것의 원인을 엄마 탓으로 보는 시각은 어디든지 존재한다. 가족과 친구 등 가까운 사람들이라고 해도 예외는 아니다. 하루는 아이가 유독 떼를 많이 쓰고 힘들게 보채기에 해외에 있는 친정엄마에게 하소연을 했더니 "엄마랑 떨어져서 외로웠나 보다"라고 말한다. 내가 아이를 베이비시터에게 맡기고 복직하겠다고 하자 시어머니는 대뜸 "이제 엄마가 없어서 어떡하니. 아기 불쌍해서"라고 하셨다. 지인, 시댁 친척들의 반응도 이와 크게 다르지 않았다. 심지어 같은 처지에 있는 다른 엄마들의 태도도 비슷했다. 신생아가 자지러지게 울면 "엄마 닮아서 성격이 유별나다"거나 아이가 밥이라도 잘 안 먹으면 그 역시 '엄마가 식습관을 제대로 들여주지 못했기' 때문이라거나 '엄마 닮아 입이 짧아서'라는 등의 이유를 붙였다.

육아와 관련된 모든 것들이 엄마의 책임으로만 귀결되는 순간순간, 나는 왜 여자로 태어났을까, 하는 신세 한탄을 하지 않을 수 없

육아와 관련된 모든 것들이 엄마의 책임으로만 귀결되는 순간순간,
나는 왜 여자로 태어났을까, 하는 신세 한탄을 하지 않을 수 없었다.

었다. 나이 서른이 넘겨 이런 고민이나 한다는 것이 좀 부끄럽지만, 부인할 수 없는 사실이다. 내가 선택한 것도, 원한 것도 아닌데 그저 생물학적으로 여성이라는 이유로 아기를 낳고 키우는 과정에서 감내해야 할 불평부당한 일이 너무 많다.

물론 '모성'이라는 말이 가리키는, 엄마에게만 있는 아이를 향한 뛰어난 감각이 있다는 건 인정한다. 겨우 2년이지만 아이를 키우면서 나와 남편이 각각 엄마와 아빠로서 아이를 사랑하는 방식, 신경 쓰는 부분이 너무도 다르다는 사실을 경험했다. 하지만 그것만으로 육아에서 발생하는 모든 책임과 과오를 엄마 탓으로 돌려야 하는 건 받아들이기 힘들다.

### 엄마의 복직은 왜 욕심일까?

정신없는 아침 시간, 출근 준비를 하며 아이를 챙기는 일은 왜 오롯이 엄마 몫이어야 할까? 아이를 어린이집에 보내는 것과 베이비시터 이모님께 맡긴 아이를 찾는 것도 모두, 왜 당연히 엄마가 해야 할 일일까? 아이가 어린이집에 지각하거나 챙겨야 할 서류를 놓치거나 알림장 적는 것을 까먹었을 때 죄송하다고 고개를 숙이는 일도 왜 엄마가 해야 할까? 재택근무로 집에 머무는 시간 또한 분명 업무 시간인데 왜 남편은 항상 늦게 퇴근할까? 야근과 회식 또한 엄연히 사회생활의 일부인데 왜 나만 미리 1, 2주 전부터 남편에게 이 사실을 보고하고 배려를 애원해야 할까? 왜 내 여유 시간은 남편이

'허락' 혹은 '봐주는' 시간에만 가능할까?

　육아휴직 후 복직을 결심한 데에는 자아실현보다 경제적인 문제가 더 컸다. 이 사실을 누구보다도 더 잘 아는 남편조차 현실에서 육아의 책임을 고스란히 내게 돌릴 때, 심지어 내 일을 해도 그만, 안 해도 그만인 부차적인 것으로 취급할 때마다 무어라 표현할 수 없는 억울함이 울컥 올라왔다.

　이 숨 막히는 갑갑한 생활에서 한 치도 벗어나지 못한 채 매일 밤 잠이 들기 전 한숨을 쉰다. 정신없이 하루를 살았는데 뭘 했는지조차 뚜렷이 남는 게 없고, 이 답답함을 어디서부터 어떻게 풀어내야 할지 실마리조차 찾지 못하겠다. 그러다 이런 죄책감까지 왜 늘 엄마의 몫이어야 하는지 또 의문이 든다. 아무도 답해줄 수 없는, 인생의 도돌이표 같은 문제에 다시금 한숨만 나온다.

## 모성애가 부족한 엄마, 나쁜 엄마일까?

"저는 모성애가 없는 것 같아요. 나쁜 엄마인가 봐요."

하루가 멀다 하고 육아 커뮤니티에 등장하는 이 문장이 처음에는 좀 낯설었다. 당시에는 갑자기 엄마가 되었던 까닭에 '모성애'라는 단어에 대해 자세히 생각해보지 않았던 것 같다. 그런데 아주 많은 임신부와 아기 엄마들이 스스로 모성애가 부족함을 느끼고 있고, 그 자체로 엄청난 스트레스를 받고 있었다. 어쩌면 여성이라면, 그리고 엄마라면 당연히 머리부터 발끝까지 모성애로 장착되어 있어야 정상이라는 인식이 공공연히 깔려 있기 때문이 아닐까 한다. 그만큼 우리 사회가 모성애를 당연한 것으로 여기고 있다는 말이다.

엄마들 스스로 모성애가 부족하다고 느끼는 순간은 매우 다양했다. 배 속에 있는 아기를 기다리는 임신부들의 경우, 아기를 기다리는 마음이 별로 간절하지 않고 출산의 고통이 두렵기만 할 때 자신은 모성애가 부족한 것 같다며 자책하고 있었다. 이외에도 자연분만 대신 제왕절개를 하는 산모들, 모유수유에 집착하지 않고 분유수유를 선택한 엄마들, 아이를 낳은 후 육아에 지쳐 품 안의 아기에게 정이 가지 않는다고 느끼는 엄마들, 이유식을 순수 만들어 먹이지 않고 시판 이유식을 사서 먹이는 엄마들, 아이를 어린이집에 맡기는 엄마들. 이 모든 엄마들 스스로 자신은 모성애가 부족하다고 생각하며 죄의식을 느끼거나 혹은 다른 엄마들로부터 어느 정도의 비난을 받고 있었다. 다시 말해 엄마가 아이보다 자신을 더 중심에 놓고 어떤 판단이나 결정을 내리게 되면 그 엄마는 가차 없이 모성애가 부족한 취급을 받는 것이다.

이처럼 임신, 출산, 육아의 과정에서 발생하는 다양한 선택에 대해 모성애라는 모호한 잣대를 들이대는 경우를 꾸준히 접하면서 불편함을 느낀 적이 한두 번이 아니다. '모성애'와 '좋은 엄마'라는 말은 들을수록 거슬리기도 했다. 그래서 거듭 질문을 던져봤다. 타고난 모성애가 없으면 나쁜 엄마일까? 아이보다 나를 먼저 생각하면 모성애가 부족한 엄마일까? 모성애가 부족하다면 엄마 자격이 없는 걸까? 아니, 모성애는 정말 여자라면 당연히 타고나는 것일까? 그렇다면 모성애라는 게 대체 뭘까?

여러 기준에 비추어 보면 나야말로 모성애가 부족해도 한참 부족한 엄마다. 임신에 영향을 줄 수 있는 위험한 수술을 받은 직후 임신 사실을 알고 이미 생긴 이 아기가 과연 생겨도 괜찮은지를 묻고 다녔다. 출산을 할 때에도 극심한 진통을 못 참고 아기에게 별로 좋지 않을 수도 있는 무통주사를 세 번이나 맞았다. 혼자 육아를 하다 지쳤을 때에는 아기를 향해 짜증을 내기도 했고, 외롭고 힘들다는 이유로 아기를 안고 외출을 하며 일찍부터 바깥 음식을 먹이기도 했다. 일을 하겠다며 9개월짜리 아기를 어린이집에 들이밀었고, 집에 돌아와서도 온전히 아기에게 집중하지 못한 채 밀린 집안일, 회사 일을 하느라 아기 손을 못내 뿌리친 적이 한두 번이 아니다.

하지만 이런 내가 나 자신을 '나쁜 엄마'라고 판단하지는 않으려 노력한다. 야무지게 아이를 키워내는 다른 엄마들을 보며 스트레스를 받고 부러워한 적도 많이 있지만 그걸 내 본성 탓으로 돌리지는 않으려 했다. 스스로 모성애가 부족하다고 생각해 본 적도 없다. 엄마로서의 능력과 성품은 따로 떼어놓고 보아야 한다고 생각하기 때문이다. 가뜩이나 부담스럽고 힘든 육아를 하면서 스스로 나 자신을 나쁜 사람을 만들어버리면 도저히 견딜 수 없을 것 같아서다.

그렇잖아도 아이 앞에서는 한없이 부족한 게 엄마다. 자신 때문에 아이가 안 좋은 영향을 받지 않을까, 자신 때문에 잘 크지 못하고 있는 게 아닐까, 하며 이 세상 누구보다도 아이를 생각하고 걱정하고, 아이의 모든 걸 자신의 책임으로 돌리는 사람이 바로 엄마다. 무엇이든 더 잘하는 엄마라면 좋겠지만, 그게 아니라 늘 차근차근 채우고 배워가는 엄마도 좋다고 생각한다. 가뜩이나 버거운 시간들을 버티고 있는데 자신을 나쁜 엄마, 자격이 부족한 엄마라고 낙인 찍어버리면 너무 괴로울 것 같다. 100점짜리 능력을 가진 엄마는 못 되더라도 내 안의 아이를 사랑하는 마음만큼은 100점이지 않을까? 이 세상에서 아이를 누구보다 사랑하고 소중히 여기는 존재는 다름 아닌 그 아이의 엄마일 테니 말이다.

그래서 간혹 어떤 엄마들이 "나는 나쁜 엄마일까요?"라고 물으며 자책하는 것을 볼 때마다 늘 안타까운 마음이 든다. 가뜩이나 엄마로서 항상 어깨가 무겁고 자책할 일투성이인데, 단순히 모유를 먹이지 않는다고, 먹을 것을 손수 만들어주지 않았다고, 아이 키우는 게 힘들다 토로한다고, 또 아이보다 나를 먼저 생각했다고 그 사람을 나쁜 엄마로 평가해버리는 것은 맞지 않다고 생각한다. 그리고 누구도 그 엄마를 두고 '좋다', '나쁘다' 하고 쉽게 평가해버릴 권리는 없다고 본다. (물론 아이를 학대하는 등 치명적인 해를 입히는 진짜 나쁜 엄마들은 예외다.) '좋은 엄마'가 되는 기준과 방법이 모든 엄마에게 같을 수는 없으니 말이다.

발달심리 전문가인 정윤경 가톨릭대 교수에게 '모성애는 정말 타고나는 것인가'라고 물으니 "여성이라면 누구나 본질적으로 모성애를 갖고 태어나는 것처럼 모성애를 강요받지만 사실은 그렇지 않다"면서 "모성애는 타고나는 것이 아니라 다양한 노력과 경험을 통해 학습되고 축적되는 것"이라고 답했다. 정 교수는 특히 "많은 엄마들이 아기에 대한 지식과 경험이 부족하다 보니 힘들고 좌절하는 경험을 많이 하는데 이를 두고 스스로 '모성애가 떨어지는 것'으로 착각한다"면서 "아기에 대한 정서적인 준비 그리고 육아에 대한 지식과 기술이 필요하고 이를 바탕으로 행동이 이뤄질 때 모성애도 만들어지는 것"이라고 설명했다. 그러면서 "모성애는 주어지는 것이 아니라 가꿔나가는 것"이며 "아이를 키우는 경험을 통해 엄마도 배우고 커나가는 과정을 거친다. 양육 스트레스에서 벗어나 육아에 대한 자신감을 갖는 것이 무엇보다 중요하다"고 강조했다.

모든 여성이 날 때부터 엄마였던 것도 아니고, 아기를 품고 있는 열 달 동안 갑자기 그동안 없던 '엄마로서의 능력'이 불끈 솟아오를 리 만무하다. 그냥 우리 모두는 아기의 탄생과 함께 엄마로서의 삶을 시작했을 뿐이다. 모르는 게 당연하고, 잘 못하는 게 맞다. 그리고 지금껏 30년 남짓 나만 생각하며 살다가 갑자기 한 인간을 더 먼저 생각하고 희생하는 것은 참 어려운 일이다. 하지만 사랑스러운 아이만큼이나 나 자신의 삶도 중요하다. 그러니 어린아이를 두고 일을 하고 싶다거나 새로운 즐거움을 찾고 싶다는 생각은 자연스럽다. '나쁜 엄마', '이기적인 엄마'라는 올가미에서 좀 자유로워지면 좋겠다.

### 아빠에게도 모성애가 있다?

여기서 또 한 가지 의문점이 있다. 왜 엄마들만 이런 모성애 압박에 시달려야 하는가이다. 이스라엘 바르일란 대학교의 루스 펠드먼 교수가 이끄는 연구진에 따르면 자녀 양육의 행위가 여성 뿐 아니라 남성의 뇌에서도 동일한 '양육회로'를 활성화시킨다는 새로운 연구 결과가 나왔다. 여성의 전유물로 간주됐던 모성애는 여성만의 선천적인 특징이 아니며 남성 역시 육아경험을 통해 모성애를 가질 수 있다는 것이다.

생물학적 아버지와 어머니로 구성된 전통적 가정의 부부와 동성애자 부부들을 대상으로 부모와 아이들이 함께 있는 비디오와 아이 혼자 있는 비디오를 보여줄 때 각각 친밀감과 애정을 나타내는 호르몬 옥시토신의 농도가 어떻게 변화되는지 측정했다. 그리고 부모와 아이가 함께 있는 보았을 때 fMRI(기능성 자기공명영상)을 이용해 뇌의 어느 부분이 활성화되는지 연구했다. 결과는 모든 엄마와 아빠, 동성애자들에게서 강한 정서감 등을 바탕으로 한 양육 관련 네트워크가 활성화된 것으로 나타났다.[18]

그러니 이제 더 이상 모성애를 여성의 전유물로만 보지 않았으면 한다. 여성의 몸으로 태어났으면 누구나 모성애로 무장돼 있고, 그래서 엄마라면 모든 순간 아이가 예쁘고 사랑스럽게 보여야만 한다는 굴레에서도 벗어났으면 좋겠다. 그 누구보다도 엄마들 스스로 생각이 바뀌고 나아가 엄마들을 바라보는 시선도 변화했으면 좋겠다. 무엇보다 중요한 것은 좋은 엄마, 좋은 아빠, 좋은 부모가 되기 위해 '함께' 고민하고 노력하는 것일 테니 말이다.

3장

# 엄마가 되어 엄마를 생각한다

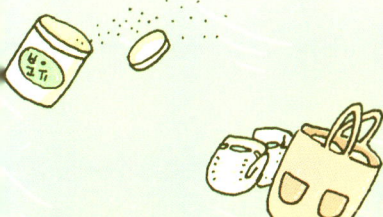
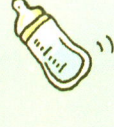

## 절대 물어서는 안 될 '좋은 소식'

아기를 낳은 뒤부터 기혼자들과 대화할 때 "아기는?"이라는 질문은 되도록 하지 않는다. 하물며 "아기가 왜 없으세요?", "둘째는 안 가지세요?" 등등은 말할 필요도 없다. 일단 아기 하나 키우기가 얼마나 힘든 일인지 뼈저리게 알기에 둘째 계획은 나부터도 언감생심이다. "어서 둘째 가져야지"라는 말을 들으면 '자기가 키워줄 것도 아니면서' 하고 반감이 들기도 한다. 그런데 정말 중요한 이유가 또 한 가지 있다. 아기를 키우는 것만큼이나 아기를 임신하고 낳는 것이 참 어렵다는 걸 알게 되어서다.

  엄마 되기, 정말로 쉽지 않다. 언제부터인가 여자라서 당연히 임신과 출산을 하고 '엄마'라는 이름을 얻는 세상이 아니다. 일부러 아이 계획을 미루는 부부도 많지만, 간절히 원하는 아기를 갖지 못하는 부부도 많다. '불임', '난임'이 더 이상 소수의 사람들만 겪는 일이 아니고, '조산', '사산'이 극소수의 사람들에게만 일어나는 희귀병이 아니다.

우연이라고 하기에는 너무나 많이, 주변에서 아기 문제로 마음 고생하는 사람들을 보게 된다. 오매불망 아기를 기다리는데 소식이 없거나, 아기를 잃게 됐거나 또는 멀쩡하던 배 속의 아기가 예정일을 몇 달이나 앞두고 갑자기 태어나기도 했다. 그 어떤 말로도 위로가 안 된다는 걸 알기에 제대로 말도 못 붙이며 눈치를 보기도 했고, 가끔은 신경을 쓴답시고 되레 가장 불편한 말을 건넨 적도 있다. 무척 가깝고 친밀한 사이였던 사람과 의도치 않게 멀어지기도 했다. 육아에만 푹 빠져 있는 나와 대화를 하다 보면 아기 얘기에 집중이 될 수도 있다는 생각에서다. 괜히 상대방의 아픔을 후벼 파게 될까 걱정이 되어 내가 먼저 그 사람을 은근슬쩍 피해버리기도 했다.

의학적으로는 정상적인 부부 관계를 갖고도 1년 안에 아기가 생기지 않는 경우를 '난임'으로 본다. 그런데 주변 사람들을 보니 1년 안에 아기를 갖는 것이 오히려 기적처럼 보였다. 산부인과, 산후조리원 그리고 이후 아기를 통해 알게 된 많은 엄마들과 이야기를 하다 보니 결혼 8개월만에, 서른이 되어 엄마가 된 나는 퍽이나 일찍 그리고 어린 나이에 아기를 가진 축에 속했다.

난임 진단을 받은 사람들은 매년 꾸준히 늘어나고 있다. 보건복지부의 자료에 따르면 지난 2010년 19만 8,197명에서 2011년 20만 5,297명으로 늘었고, 2012년 20만 1,946명, 2013년 20만 1,589명, 2014년에는 21만 5,392명이 됐다. 병원에서 진단을 받은 숫자가 이 정도이니 아직 병원을 찾지 않은 사람들까지 합하면 그 수는 더욱 늘어날 것이다.

2014년 난임 진단을 받은 21만 5,392명 가운데 남성 요인은 4만 8,475명, 여성 요인은 16만 4,077명, 습관성 유산은 6,513명으로 분류됐다. 흔히 여성의 난임 원인으로 고령 임신(35세 이상)을 꼽는데, 난소 기능이 저하되고 자궁내막증과 같은 질환이 발생하는 경우가 많은 것으로 알려져 있다. 남성의 경우에는 스트레스나 음주, 흡연 등이 정자의 활동성을 저하시키는 원인으로 지적돼왔다. 그런데 주위에서 아직 아기를 갖지 못한 부부들을 보면 별다른 이상이 없는 경우도 허다했다.[19] 2012년 한국보건사회연구원의 '전국 출산력 및 가족 보건 복지 실태 조사'에서도 15~49세 유배우 부인의 난임 원인은 '원인 불명'이 부인 46.3퍼센트, 남편 72.9퍼센트로 가장 높게 조사됐다.[20]

첫아이를 빨리 임신하고 아무 문제없이 건강히 낳았는데 둘째 아이가 쉽게 생기지 않는 경우도 있다. 아무리 병원을 들락거려도 별다른 문제가 없고 원인도 모른단다. 가장 답답하고 속이 타는 것은 바로 당사자들일 텐데, 아기가 안 생긴다고 하면 뭔가 몸에 큰 문제라도 있는 것처럼 보는 시선도 문제다. 아예 대놓고 "남편의 문제냐, 부인의 문제냐"를 캐물으며 남의 난자와 정자의 건강까지 걱정해준다. 심지어 "아기를 가지려면 이렇게 하라"며 부부 관계의 자세나 방법에 대한 충고까지 서슴지 않는 사람들도 있다.

유산도 흔하다. 임신 자체도 어렵지만 아기를 열 달 동안 무사히 품는 것은 더 어려운 일이다. 임신 6~8주 내에 일어나는 초기 유산은 마치 매달 생리를 하는 것처럼 흔한 일이라는 말까지 있을 정도다. 임신을 확인하고 뛸 듯이 기뻐했는데 바로 다음주 아기의 심장 소리를 들을 수 없었다는 사연은 육아 커뮤니티의 단골 소재다. 기간이 아무리 짧았다 한들 내 품 안에 찾아왔던 소중한 생명인데, 그 생명을 잃었을 때의 기분이 어떠할지 감히 상상하기도 힘들다.

남인순 더불어민주당 의원은 건강보험공단에서 받은 '출생자 및 임신 출산 진료비 지원 현황' 자료를 분석한 결과로 "임산부 10명 중 1명꼴로 유산의 아픔을 겪고 있다"고 추정했다. 지난 2008년부터 2013년까지 5년 동안 임신·출산 진료비를 지원받은 인원이 239만 3,383명인 데 비해 출생자수는 218만 6,948명으로 나타났다. 진료비를 지원받은 임산부가 출생자보다 9.4퍼센트 더 많은 것이다. 임신·출산 진료비 지원이 대개 예정일이 정해지는 8~9주 이후에 이루어진다는 점을 감안하면 진료비 지원을 받기 전에 발생하는 초기 유산까지 합하면 훨씬 더 많은 수일 것이다.

### 임신 기간 중 안정기란 없다

나는 임신 기간 내내 유산의 두려움에 시달렸다. 방사성물질 치료를 한 뒤 몸이 덜 회복된 상태에서 생긴 아기였기에 임신 초기에는 친정엄마 외에는 아무에게도 임신 사실을 알리지 못했다. 병원에서도 "이런 전례를 잘 찾아보기 어렵다"면서 아기가 무사히 태어날 것이라는 확답 대신 "만약에 문제가 생긴다면 아예 임신이 유지되지 않을 것"이라고 했다. 게다가 나는 1.9킬로그램의 체중으로 태어난 이른둥이였다. '딸은 엄마의 임신·출산 체질을 그대로 닮는다'는 확인할 수 없는 속설을 상기하며 나는 늘 조산할 가능성이 높은 임신부임을 상기하며 지냈다.

임신 13주차 해외 출장을 다녀온 이튿날 갑자기 하혈을 했다. 임신 12주 흔히 말하는 안정기에 접어들면서 입덧도 어느 정도 사라져서 모처럼 출장 기분을 만끽하며 식사를 했고, 기분 좋게 임신 후 첫 커피 한 잔까지 들이켠 뒤였다. 난생 처음 회사를 조퇴했다. 그리고 친정엄마와 통화하며 초조함에 떨었다. 운전도 못 할 것 같아 한낮에 대리운전을 불러 산부인과로 향했다. 임신한 사실을 알고 '왜 지금이야. 나중에 더 천천히 오지'라며 핀잔을 주기도 했는데 혹시 아기가 그 말을 들은 걸까, 어찌나 미안하고 속이 상하던지. 뒷좌석에 대충 몸을 누인 채로 가는 내내 하염없이 눈물이 쏟아졌다. 하혈을 해서 급히 달려왔다는 말에도 산부인과 간호사는 예약을 하지 않았으니 1시간을 대기하라고 말했다. 정말로 에누리 없이 1시간을 꼬박 기다린 뒤에 겨우 진료실에 들어갔고, 떨리는 마음으로 초음파를 봤다. 아기는 나를 안심시키기라도 하듯 활발하게 움직이며 놀고 있었다. 그 뒤부터 나는 배 속 아기에게 "아가야, 보고 싶어. 우리 빨리 만나자"고 말하는 것을 멈췄다. 대신 "우리 천천히, 열 달 다 채워서 건강히 만나자"고 매일 속삭였다.

두 번째이자 마지막 고비는 34주에 찾아왔다. 사무실에 앉아 있던 온종일 배가 평소보다 심하게 뭉치는 것 같고 불편한 느낌이 심했다. 워낙 무던한 체질인데 그날은 이상하게 배뭉침이 더 심하다는 느낌이 들었다. 밤에 응급실을 찾았더니 태동 검사를 하던 간호사가 갑자기 아기가 나올지도 모른다고 했다. 조기진통이라고 했다. 밤새 분만실에서 주사를 맞으며 태동 검사를 반복했고, 입원 결정이 났다. 새벽 4시가 넘어서 병실로 옮겨졌다. 출산하기 바로 전까지 회사를 다니겠다던 자신만만하던 꿈은 의지와 상관없이 무너졌다. 새벽에 입원하는 바람에 인사도 못하고 전화로 갑작스러운 내 상황을 전해야 했다. 그리고 일주일 동안 병원에 머물며 유산방지주사를 맞으며 누워 있었다. 예정일이 한 달 넘게 남아 아무런 준비도 못하고 있었는데 당장 아기가 나올 수도 있다는 말에 조급해져 병실에서 노트북으로 젖병과 기저귀 등 아기용품을 주문했다.

퇴원을 한 뒤에도 한 달 동안은 집에서 꼼짝도 못하고 누워 지냈다. 정상 분만을 할 수 있는 37주까지는 버텨야 한다고 했다. 그렇게 버텨 38주 3일째에 건강히 아기를 낳았다. 아기를 낳은 뒤 마지막 산부인과 진료를 갔을 때 주치의 선생님은 "첫아이 때 조산기가 있었던 산모는 다음 임신 때 특히 조심해야 한다"고 조언했다. 조산의 시기가 좀 더 빨라질 수도 있다는 것이다. 나중에 다른 산모들을 보니 임신 기간 내내 병원 침대에서 생활해야 했거나 응급 수술로 조산을 막은 경우도 부지기수였다.

이런 수많은 일들을 보고 듣고 또 직접 겪으며 내린 결론은 '임신 중 안정기란 없다'는 것이다. 보통 임신 12주만 넘기면 안정기라고 하지만 그건 모를 일이다. 중기 유산, 조산의 공포를 직접 경험했고 또 그로 인해 고통받는 엄마들이 얼마나 많은지 눈으로 확인했다.

2013년 12월 말 기준 미숙아(37주 이전 출생) 수는 2만 6,408여 명이었다(당시 출생아는 전체 43만 6,455명이었다). 2009년 1만 6,223명에서 5년 새 1만 명가량이 는 것이다.[21] 국민건강보험공단이 2010~2014년 건강보험진료비 지급 자료를 분석하여 발표한 내용에 따르면, 조기진통으로 인한 건강보험 진료 인원이 2010년 1만 8,000명에서 2014년 3만 2,000명으로 증가한 것으로 나타났다. 또한 분만 여성 1,000명당 조기진통 진료 인원은 2010년 39.4명에서 2014년 77.5명으로 연평균 18.4퍼센트씩 증가했다.[22] 태어나는 아기는 계속 줄어드는 반면 미숙아, 또는 40주를 채웠더라도 체중이 2.5킬로그램이 안 되는 저체중 출생아는 매년 늘고 있다고 한다.

임신·출산 커뮤니티에 올라오는 이른둥이 엄마들의 사연은 눈물겹다. 신생아 중환자실을 오가며, 안지도 못할 만큼 작은 아기가 몸에 각종 의료기기를 몸에 달고 힘겨워하는 모습을 지켜봐야 하는 가슴 아픈 글들이 넘쳐난다. 그나마 치료라도 받을 수 있는 경우는 감사한 것인지도 모른다. 너무 빨리 하늘로 간 천사들을 가슴에 묻어야 했던 엄마들은 몸조리는커녕 온갖 죄책감에 시달린다. 처음에는 심장만 제대로 뛰어주길, 그다음은 뇌 그리고 다른 장기들……. 내 몸이 어떻게 움직여 하루를 살아내는지 알려고도 하지 않았는데, 그 핏덩이 같은 작은 몸에서 모든 것들이 '제대로' 움직여주길 바라는 것이 얼마나 큰 꿈인지를 알게 되는 부모의 심경은 도저히 말로 표현할 수가 없다.

이렇게, 엄마가 되기까지 저마다 사연과 아픔이 있다. "아기가 왜 아직 없느냐"는 말이 더 이상 툭툭 내뱉을 만한 인사치레가 되지 못한 지 오래다. 과거 선거철에 정치권에서 단일화 후보를 못낸 상대 당에게 '불임 정당'이라는 말을 썼다가 수많은 난임 부부들이 가슴을 쳤다는 것도 이해가 된다. 어쨌든 생명에 관련된 것은 어떤 말이라도 함부로 해서는 안 된다. 때로는 아기가 안 생겨 마음고생하는 사람들에게 "마음 편히 가지라"는 충고조차도 아끼는 편이 현명하다. 한 난임 관련 커뮤니티에서도 이와 관련된 글이 올라와 수십 개의 공감 댓글이 달리는 것을 보고 내 행동을 되돌아보기도 했다. 나 또한 "너무 스트레스 받지 마. 마음 편히 먹어"라는 말을 얼마나 많이 했는지. 안쓰러운 눈빛으로 마음 편히 가지라면서 자꾸만 진행

상황을 묻는 것도 많은 사람들이 저지르는 실수 중 하나다. '아무개도 10년 만에 아기를 가졌다더라', '누구도 몇 번씩 유산을 했다더라'는 말은 위로는커녕 '나도 10년 뒤에나 아기를 가지란 말인가' 하는 반발심만 부추길 수도 있다.

그러니 당사자 스스로 아기가 생겨 건강히 잘 자라고 있다는 말을 먼저 꺼내기 전까지는 아기 소식은 묻지 않는 것이 좋다. 때로 걱정이 되고 위로가 필요하다는 생각이 드는 순간이라 하더라도 그저 아무 말 없이 기다려주는 것이 최고의 위로다.

## 아들 하나 더 낳아야겠네

아기를 낳고 보니 내가 아직도 20세기에 머물러 있는 건 아닌가 싶을 때가 한두 번이 아니다. 아기를 가지면 무조건 일을 그만둬야 하는 회사가 여전히 널려 있고, 바깥일은 남자가, 육아와 집안일은 여자가 하는 것이 아직도 당연한 세상이다.

자녀 성별에 대한 것도 그렇다. 육아 커뮤니티에는 자녀 성별로 인한 스트레스와 갈등에 대한 글이 심심찮게 올라온다. 배 속 아기가 딸인 것을 안 순간부터 이상하게 시댁이나 남편 눈치를 봐야 했다거나 혹은 반대로 아들만 내리 낳았다고 해서 혀 차는 소리까지 들었다는 내용들이다.

2010년 육아정책연구소가 2008년 태어난 신생아 2,078명의 가구를 대상으로 한 조사에서 아버지들은 원하는 자녀의 성별로 딸(37.4퍼센트)을 아들(28.6퍼센트)보다 더 많이 꼽았다. 어머니도 딸이길 바란 경우가 37.9퍼센트로 아들(31.3퍼센트)보다 높았다.

  그런데 둘째 아이의 성별에 대한 설문에서는 그 결과가 조금 달랐다. '상관없다(남성 23퍼센트, 여성 32.3퍼센트)'가 가장 많았지만, 그다음은 아들이었다. 특히 여성은 남성에 비해 두 배가 넘는 16퍼센트가 아들을 택했다.[23] 첫째가 딸이라면 둘째는 아들이어야 하는 압박에서 자유롭지 못하다는 의미이다.

나는 딸을 낳았다. 딸을 안고 다니다 보면 길에서 마주치는 수많은 아주머니, 할머니들이 "첫째냐"고 물은 뒤 곧바로 "아들 하나 더 낳아야겠네"라고 말씀하신다. 아기가 돌도 안 지난 젖먹이일 때부터 모르는 할머니들로부터 얼른 남동생을 낳아주라는 충고를 들었다. 부모에게 무조건 아들 하나는 있어야 한다고 보는 분위기를 적잖게 느꼈다. 이유는 알 수 없다. 옛날 분들이니 그러시겠지, 하고 그냥 넘기지만 이런 경우가 한두 번이 아니다 보니 가끔은 성가시다(한편 첫째가 아들인 엄마들은 나와 같이 둘째의 성별에 대한 얘기를 잘 듣지 않는다고 한다).

  친정엄마는 딸 셋을 키우셨다. 나는 엄마가 우리 세 자매를 데리고 다닐 때마다 "아들 낳으려다 늦둥이 낳았구먼" 하는 말을 수없이 듣는 것을 보며 자랐다. 엄마는 그럴 때마다 너무나 익숙하게 그리고 항상 웃으며 "그런 거 아니에요."라고 맞받았다. 우연인지, 당시에 진짜로 유행이었는지 주변의 내 또래 중에는 늦둥이 남동생을 가진 친구들이 많았다. 딸 두셋에 막내가 아들인 조합이다. 유행처럼 아들 막둥이를 가지던 시절, 딸만 셋인 엄마가 아들을 낳으려고 안간힘을 쓰다가 실패한 사람처럼 여겨지는 것이 크게 이상하지 않았다.

그래서일까, 친정엄마는 내가 임신을 하자 "아들이면 좋겠다"고 말했다. 귀여운 남자 아이에게 작은 야구 모자와 청재킷을 입히는 것이 당신의 '로망'이었단다. 나 역시 자매들과 친구들까지 온통 여자들 사이에서만 자라다 보니 아들 하나쯤 키워보는 것도 새로운 경험이 되겠다 싶었다. 사실 나는 아기의 성별에 대해서는 별 생각이 없었지만 엄마의 오랜 바람을 대신 이뤄드리고 싶다는 생각은 있었다.

초음파로 성별을 확인한 결과, 딸이었다. 아주 잠깐, 찰나의 순간 아쉬움이 느껴졌다. 엄마의 소원을 들어드리지 못하겠구나, 하고 생각했다. 하지만 엄마는 내게 더 이상 자신의 바람을 꺼내들지 않았다. 성별을 확인한 날 친정엄마께 전화로 "아들이 아니라 서운하냐"고 묻자, 마치 본인이 언제 그런 이야기를 했냐는 듯 "아니, 전혀"라고 답했다.

한편 남편과 시부모님의 반응은 좀 신경이 쓰였다. 아기를 갖기 전에는 주변에서 아들을 요구하는 시부모들 이야기에 "아직도 그런 시어머니가 있어?"라며 황당해했는데 막상 딸을 갖게 되니 괜히 눈치가 보였다. 그런데 며칠 뒤 시부모님께 소식을 전하는데 남편이

슬쩍 목소리를 낮추며 "서운하시죠?"라고 물었다. 시어머님이 "그렇다"고 대답하신 것은 아니지만 왠지 고개가 숙여졌다. 남편은 왜 "기쁘시죠?"가 아니라 "서운하시죠?"라고 물었을까? 괜스레 서운함이 밀려왔다. 남편은 "부모님이 어떤 성별을 선호하시는지 정말 몰라서 여쭤본 것"이라고 해명했고 시부모님 역시 지금껏 한 번도 며느리가 딸을 낳은 것에 대한 불만을 표출하신 적이 없다. 그럼에도 불구하고 혹시라도 시부모님의 마음속에 조금이라도 서운함이 있지는 않을까, 이렇게 육아에 무관심하신 것이 설마 손자가 아닌 손녀여서일까, 하고 가끔 생각하는 것은 아무래도 내 자격지심인가 보다.

아기의 성별은 남성의 Y 염색체가 결정짓는다. 중학교 생물 시간이면 누구나 배우는 이론이다. 그럼에도 불구하고 아기 성별에 대한 책임은 늘 여자, 엄마들에게 묻는다. 아직도 많은 엄마들이 딸만 낳았다고 면전에서 구박을 당하거나 상처를 받는 일들이 비일비재하다. 결혼과 함께 아들 낳기가 과제인 집이 수두룩하고, 첫째가 딸이면 자연스레 둘째는 아들을 낳아야 하는 숙제를 얹는 집도 적지 않다.

아직도 아들은 그 가치가 온전한, 꽉 찬 하나의 존재로 인정받는 반면 딸은 절반 정도, 반드시 아들로 '보충'을 해줘야 하는 존재로 여겨지는 경우가 많다. 딸이 둘이면 뭔가 부족한 듯하고 아들이 둘이면 차고 넘치는 듯한 시선도 여전하다. 아들을 낳아야 비로소 며

느리의 도리를 다한 것 같은, 말도 안 되는 분위기가 생소하지 않다. 아들 낳기 과제가 두려워 더 이상 출산을 하고 싶지 않다는 엄마들도 있다. 둘째도 딸이라고 하면 "낳을 거냐"고 묻는다거나 "셋째를 낳으면 되니 괜찮다"고 위로 아닌 위로를 하는 황당한 경우도 있단다. 그런데 이제는 고전적인 레퍼토리가 되어버린 '아들 타령'만으로도 모자라 신세대 부모들의 '딸 타령'까지 더해지고 있다.

### 아들만 둘인 엄마의 슬픔

특히 젊은 층 사이에서 딸을 임신했다고 하면 더 크게 박수를 쳐주며 "딸이라 좋겠다"고 해주고 아들을 연달아 둘 이상 낳으면 혀를 차는 일들이 벌어진다. 딸·아들 조합이면 '금메달', 딸·딸 조합이면 '은메달', 아들·아들 조합이면 '목메달'이라는 말까지 있다. 왜 아이의 성별이 이렇게 부모의 희로애락과 직결되어야 하는 걸까? 모든 아들이 엄마를 힘들게 하고, 무뚝뚝하고, 재미없는 것도 아니듯 모든 딸이 살갑고, 엄마에게 좋은 친구가 되어주는 것도 아니다. 남자 아이를 키우는 데 물리적인 힘이 더 들 수는 있겠지만 그렇다고 해서 그것이 아들 낳은 엄마를 안쓰럽게 볼 이유는 아니다.

자녀의 성별은 아마도 모든 인류의 관심사일 것이고, 태아의 성별에 대한 집착이 비단 우리나라에만 존재하는 현상은 아니다. 세계 각국에서 태아의 성별을 선택할 수 있는 비결을 담은 책이 출간되기도 하고 미국, 멕시코 등 일부 나라에서는 최근 성별을 선택해서

딸·딸조합이면 '금메달', 딸·아들 조합이면 '은메달',
아들·아들 조합이면 '목메달'이라는 말까지 있다.
왜 아이의 성별이 이렇게 부모의 희로애락과 직결되어야 하는 걸까?

임신하는 시술까지 등장했다고 한다. 월스트리트저널에 따르면 미국에서는 유전자 검사로 성별을 선택해 체외수정으로 아이를 가지는 의료 행위가 이뤄지고 있다. 최소 1만 5,000달러(약 1,700만 원) 정도의 비용이 소요되지만 미국 캘리포니아의 한 불임클리닉에서는 5쌍 중 1쌍이 이런 선택 임신을 한다.

이러한 시술을 이용하는 사람들은 주로 "이미 자녀가 1~2명 혹은 3명 있지만 다른 성별의 자녀를 갖기 원하는 부부들"이라고 한다. 우리나라의 일부 부유층에서도 원정 출산을 통해 이 같은 선택 임신을 하는 것으로 알려져 있다. 아들을 더 좋아하든 딸을 더 좋아하든 그것은 개인의 선호도일 뿐이다. 어떤 식으로든 남에게 강요를 할 수도, 그것이 누군가를 평가하는 기준이 될 수도 없다. 심지어 요즘은 아이를 갖고 싶어도 갖지 못하는 사람들도 많고, 열 달 동안 건강하게 무사히 아기를 품고 낳는 것도 어려운 일이 되어버렸다. 존재 자체만으로 소중하고 감사한 우리 아이들을 두고 이런 소모적인 갈등은 이제 더 이상 하지 않았으면 좋겠다.

## 연예인 만삭 화보는 그저 꿈

출퇴근길에 마주치는 20대 여성들은 왜 이렇게 예쁜 걸까? 심지어 나보다 나이 많은 미혼 후배들도 왠지 나보다 한참은 젊어 보인다. 내게도 저런 때가 있었을까 벌써 가물가물하다. 아, 나는 처음부터 아줌마였던 것 같다.

　임신과 출산, 육아를 하며 가장 눈에 띄는 변화는 바로 몸이었다. '아줌마의 몸'이 되었다는 것에 매우 복합적인 감정이 따라왔다. 불과 2년 남짓한 시간 동안 체중계 앞자리 숫자가 5에서 7로, 다시 5로 움직였다. 체중계 숫자와 함께 내 몸도 풍선처럼 확 늘었다 쪼그라들었다. 그리고 이제 거울을 볼 때마다 한숨을 내쉰다. 사랑스러운 아기를 얻은 대가이자 영광의 상처라고 다독여보지만 아쉬움을 달랠 수 없다. 외모로 여성을 평가해서는 안 된다고 생각하면서도 막상 내 몸에 닥친 변화를 있는 그대로 받아들이기가 그리 쉽지 않았다.

뉴질랜드의 한 영양사가 자신의 SNS에 출산 이후 자신의 몸이 어떻게 바뀌어 가는지 잘 드러난 사진을 공개했다. 출산한 지 24시간이 지났는데도 그녀의 배는 만삭일 때와 다름없다. 시간이 지날수록 배의 크기는 작아지지만 여전히 바람 빠진 공처럼 쭈글쭈글한 자국이 남아 있다. 그 적나라한 모습에 적잖은 사람들이 충격을 받았다. 하물며 경험자인 나 역시 흠칫 놀랐다. 꼭 거울 속 내 모습을 들킨 것 같아서였다. 이 사진을 본 후배들은 "아기가 태어났다고 해서 바로 배가 쏙 들어가는 게 아니네요?"라며 천진난만하게 물었다. 그 해맑음에 한 번 더 놀랐다가, 나 역시 겨우 2년 전에 똑같은 질문을 했을 거라는 생각이 들었다. 얼른 환상을 깨주어야겠다는 결심에 문득 내 기록을 꺼내보았다.

애초에 마르거나 좋은 몸매와는 거리가 멀었다. 그런 말은 한 번도 들어본 적이 없다. 키 162센티미터에 50킬로그램 초반대 몸무게를 유지했다. 꾸준한 운동과 몸매 관리는 전혀 하지 않았다. 먹는 것을 좋아하고 관리도 하지 않는데 그래도 이 정도의 체중을 유지할 수 있었던 것이 오히려 감사한 일이다. 살이 조금 찐 것 같으면 약간 스트레스를 받긴 했지만 그걸로 끝이었고 조금 힘들게 일하거나 피곤하면 곧 빠졌다.

오랜만에 산모수첩을 꺼내 보니 2013년 5월 25일 6주째 52킬로그램의 기록부터 시작된다. 12주 6일째인 7월 6일까지 52.4킬로그램으로 거의 변화가 없다가 16주부터 거의 2주~1개월 단위로 2, 3킬로그램가 늘었다. 11월 9일(30주)에 64킬로그램이 됐다. 임신부의 이상적인 체중 증가량은 10~12킬로그램 정도로 알려져 있다. 8개월에 접어들기도 전에 이 한계치를 채워버린 데 대해 좌절했던 기억이 난다. 그러나 이미 먹는 입덧에 익숙해져 있던 몸은 맛있는 음식들을 열심히 가리지 않고 먹었다.

그 결과 수첩 속의 산전 마지막 기록은 12월 27일(37주) 69.6킬로그램으로 끝났다. 며칠 뒤인 지난해 1월 1일 분만을 하기 전 몸무게를 쟀을 때 70킬로그램이 넘었다. 5월 중순부터 12월 말까지 약 8개월 동안 20킬로그램이 늘어난 셈이다.

14~15주쯤 임부복을 처음 구입한 것 같다. 이전에 입던 바지를 도저히 입을 수 없었다. 처음에는 임부복으로 단정한 면바지를 몇 개 샀다가 한두 번 입고 말았고, 그 뒤로는 치마와 레깅스만 입었다. 바지는 다리가 꺼서 답답하고 불편했다. 20주까지는 이전에 입던 티셔츠를 입을 수 있었다.

호르몬 영향에 따른 피부 질환이었는지 원래 예민한 편이었던 몸의 피부가 무척 가려워졌다. 임신소양증이라고 했다. 좀 긁었더니 새까맣게 색소침착이 되었다. 아직도 정강이에 거뭇하게 기다란 자국이 남아 있어 외출할 때 치마를 잘 입지 않는다. 그나마 임신해서 가장 좋았던 일은 과일을 많이 먹은 덕분인지, 호르몬 덕분인지 얼굴 피부가 그 어느 때보다 좋았다는 점이다. 뽀얗고 윤기가 흐르는 얼굴에 대한 만족감으로 비대해진 몸에 대한 불만을 대신했다.

임신을 하고 나니 많은 사람들이 외모와 몸매의 잣대를 임신부에게도 갖다 대고 있음을 실감할 수 있었다. 누군가 임신을 했다고 하면 몸이 어떻게 변했는지부터 이야기했다. 나도 몸무게에 대한 질문을 가장 많이 받았다. 사람들은 아기를 낳고 복직한 사람들이 살이 얼마나 빠져서 돌아왔는지를 가장 궁금해했다. "누구는 얼마나 살이 쪘다가 얼마를 뺐다"는 이야기를 수도 없이 들었다.

내 몸이 20킬로그램까지 불어나는 동안 걱정되었던 점은 과체중이 아기의 건강에 안 좋은 영향을 주거나 임신성당뇨 등으로 출산에 지장이 생길까 봐서였다. 하지만 주위 사람들은 아직 거기까지는 생각하지 못하는 것 같았다. 임신부의 몸무게가 10킬로그램 이상 늘어나면 무식하게 먹어댔다는 듯이 쳐다봤고 출산 후 이전의 몸매로 돌아가지 못하면 게으르고 자기 관리에 소홀했다는 듯이 이야기하기도 했다. 솔직히 나부터도 날씬한 임신부가 되고 싶었다. 딱히 노력한 것 없이 먹기만 했으니 할 말은 없지만, 희망사항은 그랬다. 누군가 "살이 많이 안 찐 것 같다"고 인사치레를 해주면 좋아서 헤벌쭉거렸다.

32주 무렵 나도 만삭사진이라는 걸 찍었다. 그런데 원본 사진을 보고 뒤통수를 세게 얻어맞은 기분이었다. 사진에서 다리 부분은 모두 잘라내고 팔뚝과 얼굴살, 그리고 배 주위의 튀어나온 살들을 모두 포토샵으로 다듬어달라고 부탁했다.

　임신을 해서 살이 찐 것이니 아기를 낳으면 몸무게가 웬만큼 돌아오리라 기대했지만 이는 출산 첫날부터 무너졌다. 아기를 낳은 뒤 회복실에 누워 배를 만졌을 때의 놀라움은 아직도 잊을 수 없다. 출산한다고 배가 바로 들어가지 않는다는 말을 미리 듣긴 했지만 그래도 그 정도일 줄은 몰랐다. 아기가 배 속에 있을 때 느껴지던 단단함만 사라진 채 여전히 언덕 하나가 솟아 있었다.

　출산 사흘 뒤 산후조리원에 들어가 몸무게를 재자 62킬로그램이었다. 임신 중 몸무게가 워낙 많이 불었던 터라 아기가 태어나자마자 생각보다 꽤 많이 몸무게가 줄어 있었다. '아, 내 몸은 회복력이 좋은가 보다' 하며 나머지 몸무게도 금방 뺄 수 있겠다고 자신했다. 조리원에 머문 열흘 동안 매일 1시간씩 필라테스 동작을 따라 하며 운동을 했고 거금을 들여 1시간씩 추가 마사지도 받았다. 그런데 조리원에서 나오기 전 자신만만하게 체중계에 올랐더니 달랑 1킬로그램이 빠져 있었다.

　집으로 돌아온 뒤부터는 몸무게를 아예 잴 수조차 없었다. 내 몸매 따위에 신경 쓸 겨를이 아예 없었다. 그냥 아기가 울면 먹이고 졸려하면 재우는 일상을 반복하다 보니 세수할 때 말고는 얼굴도 자세히 살피지 않았고, 여전히 임신부 속옷과 임부복 치마, 레깅스를 입으며 지냈다. 이 옷들은 허리가 조금 넉넉할 뿐 전혀 불편함이 없었다. '웃픈' 일이었다.

### 몸무게가 돌아와도 몸은 예전 같지 않다

이후로 몸무게는 조금씩 줄어들었고 아기가 8개월이 되자 임신하기 전보다 더 아래로 내려가기도 했다. 그만큼 육아가 너무 힘들었던 시기라고 말할 수 있다. 밥을 제대로 차려 먹지 못하면서 밤낮으로 모유수유를 한 결과였다.

그러나 몸은 예전 같지 않았다. 일단 탄력이 없었다. 누군가가 내 몸 전체를 땅바닥으로 힘껏 끌어당기고 있는 듯했다. 중력의 힘이 이토록 강했던가 싶었다. 바람 빠진 풍선처럼 처진 뱃살과 가슴은 말할 것도 없었다. 결혼하기 전에 입었던 바지를 입게 되어 기뻤지만 앉을 때마다 뱃살이 툭 튀어나왔다. 어느 순간 사진 속 내 얼굴은 모두 '두 턱'을 하고 있었다. 이목구비가 모두 아래로 늘어진 느낌이었다. 온종일 아기를 안고 다니니 이제 허리 통증은 당연한 것이 되었고, 말캉말캉한 팔뚝은 더 두꺼워졌다. 이때쯤부터 운동이 간절히 하고 싶었다. 누가 딱 1시간만 아기를 봐주어 운동을 할 수 있다면 바랄 게 없었다. 운동 삼아 유모차를 끌고 매일 동네를 다녔지만 성에 차지 않았다. 제대로 운동을 배워서 살이 처지는 속도를 조금이라도 늦추고 싶었다.

복직을 앞두고 머리를 정리하러 미용실에 갔다. 그런데 자리에 앉자마자 미용사가 "출산한 지 얼마나 되셨어요?"라고 물었다. 울고 싶었다. 그간 예쁘지는 않아도 어려 보인다는 말은 곧잘 들었는데 이제 동안(童顔) 인생도 끝이 났구나, 하며 좌절했다(미용사 말로는 출산 후 빠졌던 머리가 한참 새로 나면서 잔머리가 들쭉날쭉해 단번에 출산한 티가 났다고 한다).

 그나마도 모유수유를 할 때가 좋았다. 출산 후 무려 20킬로그램이 모두 빠졌다는 것이 내 나름의 자랑거리였는데 그나마도 단유와 함께 착각임을 깨달았다. 단유 후에는 먹는 것이 고스란히 살로 갔고 그렇게 복직 한 달 만에 바로 5킬로그램이 쪘다. 복직한 지 5개월이 지나자 1~2킬로그램이 더 늘었다. 아기를 갖지 않은 몸으로는 생애 최대 몸무게였다. 출산 후 첫해 여름, 자신 있게 입었던 바지들이 무릎 위까지 올라오다 멈춰버렸다. 배와 허리와 팔뚝이 너무 묵직해져 임신 초중반까지 입었던 티셔츠도 부담스러워졌다. 허벅지와 엉덩이가 퍼져버려서 상의는 무조건 엉덩이를 가리는 길이의 것만 고집하게 되었다.

 복직하고 몇 달 지나서 아예 점심식사를 포기하고 운동을 시작했다. 겨우 일주일 두세 차례지만 그토록 바라던 운동을 하게 돼 마냥 즐겁다. 1시간 동안 땀을 한 바가지씩 흘리고 점심식사를 줄였는데도 여전히 몸무게는 제자리라는 것이 문제지만. 그래도 지난 세월 쌓인 출산의 흔적들을 이제라도 줄여보려고 시도할 수 있는 자체가 기쁨이다.

### 눈물 나는 노력이 담긴 연예인 만삭화보

연예인들의 임신·출산 소식을 들여다보면 여전히 주요 관심사는

언론 매체들은 임신을 했는데도 변하지 않는
연예인의 미모와 몸매 등을 앞다퉈 보도한다.
임신부의 몸을 한 생명을 잉태하고 기르는
소중한 몸으로 봐주는 시선은 왜 그리 갖기 어려운 것일까?

그들의 변치 않는 미모다. 언론 매체들은 임신을 했는데도 변하지 않는 연예인의 미모와 배만 볼록 튀어나온 가녀린 몸매, 출산 후 곧바로 제자리로 돌아온 몸매 등을 앞다퉈 보도한다. 연예인들이 공개한 만삭 화보에는 주먹만 한 얼굴에 부러질 듯 얇은 팔 다리, 그리고 배만 동그랗게 봉긋 솟아 있는 인형이 있다. 출산 후 한두 달밖에 안 됐다면서, 탄력 있는 완벽한 몸매를 선보인다. 그렇게 꿈에시나 겨우 가져볼까 말까한 몸매를 가꾸기까지 정말 피눈물 나는 노력과 엄청난 돈과 시간이 투자됐을 것이다.

 다만 그런 모습이 자연스러운 현상인 것처럼 여겨질까 우려된다. 가끔 잔뜩 부은 임신부들의 몸에 대한 냉혹한 시선을 접하게 되면 참 당황스럽다. 온라인상에서 아기를 품고 있는 몸을 두고 뚱뚱하다거나 미련하다거나 심지어 (도무지 이유는 알 수 없지만) 더럽다는 말까지 하는 것을 봤을 때에는 놀라움을 감출 수 없었다. 이렇게 말하는 나 역시 거울 속 나 자신에 대해 아직 완전히 '쿨'하지는 못하지만, 설사 원래의 몸으로 돌아가지 않는다 해도 그것이 그렇게 비판받을 일인 지는 여전히 의문이다. 임신부의 몸을 한 생명을 잉태하고 기르는 소중한 몸으로 봐주는 시선은 왜 그리 갖기 어려운 것인지 안타깝다.

## 노 키즈 존 논란에 대한 단상

"도대체 왜 엄마들이 아이를 데리고 밖에서 밥을 먹고 커피를 마시나요?"

"가는 곳마다 민폐인 애를 데리고 왜 이렇게 공공장소를 돌아다녀요?"

'맘충(mom+蟲)', '커피충', '노 키즈 존(No Kids Zone)'라는 단어들이 낯설지 않고 이에 대한 논란이 사회적 이슈가 되기도 하는 요즘, 내 이야기가 얼마나 객관적일지는 알 수 없지만 나 역시 아기를 데리고 식당과 카페를 누구보다도 자주 드나드는 아줌마로서 생각을 정리할 필요성을 느꼈다.

아기를 데리고 외식을 하면 요구할 것이 많아진다. 아기 의자부터 아기 식기 그리고 휴지와 물티슈 등 뭔가를 계속 달라고 해야 한다. 가게 주인 입장에서는 1인분 밥값도 안 내는 아기를 위해 그런 요구를 다 들어주는 일이 여간 성가시고 버겁지 않을 것이다. 게다가 아기들은 원체 가만히 앉아서 얌전히 식사를 하지 않는다. 울거나 소리를 지르거나 뭔가를 떨어뜨리며 정신을 쏙 빼놓는다. 식사를 마치고 난 뒤에는 바닥에 온갖 것이 떨어져 있기 일쑤다.

 물론 요즘에는 알아서 아기 의자를 챙겨주고 아기가 먹기 편하게 빨대컵에 물을 담아주는 식당도 많다. 하지만 '노 키즈 존'이라는 단어를 접한 뒤부터는 그런 배려에도 왠지 눈치가 보였다. 내 아이를 데리고 나가 내 편의를 누리려면 최소한 다른 사람에게 스트레스를 주지는 말아야 한다고 생각했다. 가능한 한 개념 있는 엄마가 되어야 한다는, 일종의 강박감까지 자리 잡았다.

 식당에 가면 두 자리를 차지하고 앉는 게 미안해 혼자 가도 보통 2인분을 주문한다. 아기가 먹지 못할 때에도 어린이 메뉴를 주문했다. 아기 수저와 물통은 따로 준비해간 것을 쓰고 물티슈는 늘 넉넉하게 가지고 다닌다. 그런데도 밥을 다 먹고 나면 휴지가 수북하게 쌓이고 주위가 지저분하다. 아이가 직접 숟가락질을 시작하면서 먹는 것보다 흘리는 것이 더 많아졌다. 식사를 하고 나면 바닥을 물티슈로 닦고, 계산을 할 때면 무조건 "아기 때문에 정신없게 해드려 죄송합니다" 하며 조금 과하다 싶을 정도로 굽신거리며 식당 밖으로 나온다. 어찌 되었든 내 외로움을 덜어주고, 맛있는 음식을 먹게 해주고, 무엇보다 내 아기에게도 자리를 허락한 고마운 곳이기 때문이다.

비슷한 또래 아기 엄마들과 사귀면서 많은 상황들을 접하게 되었는데 같은 아기 엄마가 보기에도 눈살을 찌푸리게 되는 경우가 의외로 많았다. 음식 1인분을 시켜놓고 아기도 같이 먹게 양을 더 많이 달라고 하거나, 제법 큰 아이가 먹을 외부 음식을 가져와 데워달라고 하는 경우도 있었다. 따로 가져간 간식거리와 쓰레기를 잔뜩 쌓아놓고 오거나 음식 부스러기와 휴지 등을 온통 바닥에 다 떨어뜨려놓고 나오는 모습은 같은 아기 엄마가 봐도 불편했다. 심지어 식당에서 기저귀를 갈고, 용변을 본 기저귀를 돌돌 말아 그대로 놔두고 오는 경우도 있었다. 같이 밥 먹고 나오는 게 창피해서 계산하고 나오면서 내가 대신 죄송하다고 고개를 숙이기도 했다. 인터넷상에도 아기가 구토를 하거나 음식물을 잔뜩 흘렸는데 나 몰라라 하고 아르바이트생에게 닦으라고 하거나, 다른 사람들이 밥을 먹는 옆에서 똥 기저귀를 가는 등의 목격담이 종종 올라온다. 생각만 해도 얼굴이 다 화끈거린다.

이런 이유에서인지 아이가 있는 엄마들조차 노 키즈 존에 적극 찬성하는 경우가 적지 않다. 아기와 식당에 가는 것이 죄는 아니지만 그렇다고 특별한 권리라거나 특혜를 바랄 일도 아니기 때문이다. 그냥 내가 밥을 먹고 싶은 곳에 아기를 데려가는 것뿐이다. 아기를 위한 배려를 넘어서 무리한 요구까지 할 권리가 엄마에게는 없다.

### 더불어 사는 삶을 가르치는 사회

아이들도 바깥에서 맛있는 음식을 먹고 즐길 권리가 있고, 사람들을 구경하는 즐거움도 누려야 한다. 그런데 이처럼 노 키즈 존이 늘어나고 아이들에 대한 시선이 곱지 않게 된 데에는 일차적으로 엄마들에게 원인이 있지 않나 한다. 내 자식이 어디서든 귀한 대접을 받으려면 나부터 다른 사람들을 귀하게 대접해야 하지 않을까? 엄마가 먼저 다른 사람에게 피해를 주지 않는 행동을 보여야 아이가 이를 보고 배울 것이다. 식당에서 뛰지 않는 것, 다른 사람들을 방해하지 않는 것은 아이가 공동체 안에서 살아갈 수 있도록 가르치는 첫 걸음이다. 아이가 뛰다가 누군가와 부딪히면 엄마가 먼저 사과를 해야 한다. 아이가 성인이 되어서도 다른 사람들과 함께하는 삶을 살게 하고 싶다면 엄마가 가장 먼저 그 방법을 가르쳐야 할 것이다.

　하지만 다른 한편으로는 아이들을 바라보는 사람들의 시선도 조금 너그러워졌으면 하는 것이 아이를 키우는 엄마로서의 솔직한 바람이다. 다 안다, 엄마들도. 아이가 뛰지 말아야 하는 것, 떠들지 말아야 하는 것을. 그런데 때로는 아이를 통제하기 쉽지 않은 경우가 있다. 아이와 있다 보면 당황스러운 일들이 끊임없이 찾아온다. 아무리 달래도 울음을 그치지 않고 더 크게 울거나, 가만히 있다가 갑자기 먹은 것을 게워내거나 하는 식의 돌발 상황을 마주하면 엄마도 순간 몸과 머리가 멈추는 듯 난감하기만 하다.

아이들은 기분이 좋아도, 나빠도 소리를 지른다. 아무리 어르고 달래도 말이 안 통하고, 하지 말라는 주의를 주면 그런 엄마의 반응이 재미있어 더 큰 소리를 낸다. 그럴 땐 아이의 행동을 무시하거나 관심을 주지 않는 것이 상책이지만, 그렇다고 공공장소에서 애를 방치하는 엄마가 될 수는 없어 씨름을 하게 된다. 도저히 안 되겠다 싶어 중간에 자리를 뜬 적도 많지만 음식이 나온 지 얼마 되지 않아 실랑이를 시작하게 되면 참 난감하다. 급기야 스마트폰 뽀로로로 응급처치를 해보지만, "저렇게 어린 아기에게 왜 스마트폰을 보여줘?" 하며 혀 차는 소리는 각오해야 한다.

지하철을 탔을 때 아기가 갑자기 잠에서 깨 울기 시작했다. 젊은 사람들은 힐끔힐끔 우리 모녀를 흘겨봤고, 할머니들은 "엄마가 애를 힘들게 한다"고 핀잔을 줬다. "아기가 어디 아프냐?", "무슨 일이냐?"고 물어본 사람은 없었다. 다섯 정거장만 더 가면 내릴 수 있는데 그 10분 남짓이 1시간처럼 느껴졌다. 순간 속이 상해서 "제발 그만 좀 울어"라고 아기에게 말하자 "아기한테 왜 짜증을 내냐"는 수군거림이 들렸다.

어느 곳에 가더라도 아기가 소중한 인격체로 존중을 받으며 아기와 함께하는 문화가 녹아든 사회라면 좋겠지만 안타깝게도 우리 사회의 분위기가 꼭 그렇지만은 않은 것 같다. 우리는 누구나 아이였고, 또 대부분의 사람들이 아이를 키우는 부모가 될 것이다. 아이는 울음으로 말을 하고 큰 소리로 의사를 표현하는 존재라는, 아주 작은 이해만 해주어도 아이와 함께하는 시간이 훨씬 즐거워질 것이다. 10분, 20분 내내 우는 아이를 방치해도 좋다거나 남에게 피해를 주는 행위를 그냥 두자는 게 절대 아니다. 아이를 돌보면서 어쩔 수 없이 발생하게 되는 울음과 소음에 대해 조금만 더 너그러운 마음을 갖자는 말이다.

같은 맥락에서 무조건 아이라서 안 된다는 시각 또한 불편하다. 나 역시 학창 시절 지하철에서 몇 년 만에 반가운 친구를 만나 인사를 나누다가 "좀 조용히 좀 하라"는 주의를 받은 적이 있다. 밤이 되면 술에 취한 아저씨들이 노래를 부르고 고성을 질러 이웃의 원성을 사기도 한다. 아이의 소음이 문제인 것이지 아이여서 무조건 안 된다는 시선은 지나치게 배타적이다. 아이도 이 사회에서 어떻게 행동해야 하는지 배우고 차츰 사람들과 어울려 자랄 수 있도록 따뜻하게 지켜봐주는 분위기가 만들어지면 좋겠다. 결국 아이를 직접 돌보고 키우는 엄마들의 노력이 가장 중요하겠지만 모두가 한 걸음씩만 물러서서 상대방을 배려한다면 극단적인 갈등은 피해갈 수 있지 않을까? 여기에 아기 엄마는 그 누구보다도 외로운 존재라는 점까지 이해해준다면 금상첨화다.

## 유아에도 티타임이 필요해

 육아라는 공통점만으로 누구와도 친구가 될 수 있는 사람들이 바로 엄마들이지만, 엄마들끼리도 대화를 하다 보면 편이 갈려 부딪히는 사안들이 있다. 자연분만과 제왕절개, 모유수유와 분유수유, 전업맘과 직장맘. 그중에서도 가장 치열한 지점은 '전업맘과 직장맘'인 듯하다. 처한 환경이 서로 너무 다르니 어느 한 쪽이 옳고 그르다 할 수 없는데 이상하게 꼭 감정적으로 어긋난다. 특히 어린이집에 관한 문제는 이 둘의 입장 차가 너무 크다.
 솔직히 나 역시 아이를 낳기 전에는 이해하지 못했다. 왜 전업주부들도 아이들을 어린이집에 보내야 하는지. 아이를 임신하고 국공립 어린이집 신청을 하러 갔더니 어린이집 입소 1순위인 맞벌이 가정인데도 불구하고 대기 순번이 400번 대였다. 불만은 더 커졌다. 도와줄 사람이 아무도 없고 어린이집이 없으면 정말 안 되는 우리 아기가 이렇게 곤란한 상황에 처하게 된 것이 모두 전업주부들 때문인 것 같았다.

그런데 아이를 낳고 직접 키워보니 생각이 180도 달라졌다. 오롯이 혼자 아이를 돌본 시간은 겨우 1년 남짓에 불과했지만, 누구의 도움도 받지 못한 그 시간이 육아에 대한 내 생각을 완전히 바꿔놓았다. 뿐만 아니라 육아나 어린이집 관련 기사에 꼭 등장하는 댓글들, "온종일 집에서 노는 엄마들이 왜 아이들을 어린이집에 보내느냐?" 혹은 "어린이집에 보내놓고 엄마들끼리 커피나 마신다"는 등의 내용을 보면 격한 거부 반응마저 든다.

솔직히 전업맘들이 왜 아이를 어린이집에 보내느냐는 질문은 육아의 '이응'도 모르고 하는 말이라고 생각한다. 엄마가 아이를 보살피는 것은 당연한 일이지만 아이를 온전히 한 사람만의 힘으로만 보살피는 과정에는 엄청난 고통과 희생이 수반된다. 아이가 정말 사랑스럽고 아이가 있어 행복하지만 기쁨 만큼이나 큰 고통 또한 견뎌야 하는 것이 육아다.

매일 반복되는 육아로 숨통이 막힐 것 같던 어느 날 처음으로 아이를 어린이집에 보내고 집에 혼자 있게 되었던 날의 기분을 기억한다. 아기가 어린이집에 가 있는 1시간 내내 거실 소파에 드러누워 아무 채널이나 틀어놓고 넋을 놓고 텔레비전을 봤다. 처음으로 엄마와 떨어진 아기가 걱정되기도 했지만 한편으로는 홀가분했다. 그렇게 1시간이 지난 뒤 아기를 만나니 더 반가웠고, 그래서 더 많이 안아주고 애정을 표현할 수 있었다. 출퇴근 시간도 없는 육아에만 매달려 사는 삶에 단 몇 시간 쉬는 것조차 용납하지 않은 것은 너무 가혹한 일이다. 엄마도 사람인데 자유를 허락받지 못할 이유는 없다. 그리고 무엇보다 엄마가 행복해야 아기도 더 행복하다.

그렇다고 해서 단순히 엄마가 쉬기 위해 아이를 어린이집에 보낸다는 말은 아니다. 아이를 등원시키고 집에 돌아오면 엄마가 해야 할 일은 그야말로 산더미다. 미뤄두었던 집안일은 물론 아이를 데리고 하기 어려웠던 병원 진료, 은행 및 관공서 업무, 장보기 등 해야 할 일이 정말 많다. 이외에도 아이의 식사와 간식, 남편의 저녁 식사 준비 등 주부의 일정은 늘 빡빡하다.

상당수의 전업맘들이 언젠가 다시 일을 시작하기 위해 아기를 어린이집에 보내놓고 학원을 다니거나 재취업 교육을 받고 있다. 아르바이트를 하기도 한다. 그러니 전업맘은 아이를 어린이집에 맡기지 말고 애만 보라는 것은 일을 준비하거나 아르바이트를 할 기회조차 갖지 말라는 소리일 수도 있다.

'애는 어린이집에 보내놓고 엄마들끼리 모여 커피를 마시고 수다나 떤다'는 비판에 대해서는 특히 할 말이 많다. 엄마들과 어울려 커피 한 잔을 마시는 것도 육아의 일부다. 친정이 멀리 떨어져 있고 비슷한 또래 친구가 없어 늘 외로움에 허덕이던 시절, 어린이집에서 알게 된 이웃 엄마들과 커피 한 잔을 하게 된 날은 그야말로 온몸 가득 충전이 된 기분이었다. 이웃 엄마들과 대화를 하며 이유식,

발달상황 등 아이에 대한 생생한 정보를 들을 수 있었고 그토록 고민하던 육아 문제가 나만의 것이 아니었다는 사실을 알고 위안을 받았다. 직장 생활을 하면서도 동료들과 커피 한 잔 하며 티타임의 여유를 갖는다. 친구들과 만나면서도 맛있는 것을 먹으며 피로를 풀기도 한다. 그런데 왜 유독 엄마들의 티타임에는 날카로운 시선을 보내는지 모르겠다.

### 누구나 육아 전문가의 도움을 받을 수 있어야

그래도 누군가는 "커피 한 잔 마시자고 어린애를 어린이집에 보내도 된다는 거냐?"고 비판할지도 모르겠다. 온라인 칼럼으로 이 글을 게재했을 때 '이런 정신 나간 것도 기자랍시고……'라는 말을 들은 것도 이 대목에서였다. 그러나 나는 단지 엄마가 쉬기 위해, 즐거움을 추구하기 위해서만 아이를 어린이집에 보내야 한다고 주장하는 게 아니다. 어린이집의 가장 큰 장점은 말 그대로 어린이집이 '보육기관'이라는 데 있다. 육아에 대해 아는 것도 별로 없고 물어볼 데도 마땅치 않았던 초보 엄마에게 보육교사는 든든한 전문가다(영유아 무상보육이 선거 공약과 정책으로 자리 잡은 데에도 이런 취지에 많은 이들이 공감했기 때문이었을 것이다).

　나 역시 엄마이지만 독박육아를 하는 과정에서 생길 수밖에 없는 부족함을 어린이집 선생님들이 많이 채워주었다. 어린이집은 아이의 발달 과정에 맞춰 잘 짜여진 프로그램을 통해 집에서 할 수 있는 것보다 훨씬 유익하고 다채롭게 아이의 발달을 도와주었다. 집에서는 아무리 머리를 굴리고 노력해도 삼시 세 끼 식사와 간식, 매일 다른 메뉴에 영양가 있는 식단을 만들어 먹이기가 쉽지 않았는데 어린이집 생활을 통해 아이에게 다양한 반찬들을 먹여볼 수 있어 좋았다. 또한 아이는 어린이집을 다니며 규칙적인 생활 방식을 몸에 익힐 수 있었고 온종일 엄마와 단 둘이 있었을 때보다 더 즐거워했다.

물론 아이에게는 엄마가 최고의 선생님이자 친구인 것이 너무나 당연한 진리다. 아무리 좋은 보육교사라도 엄마의 사랑과 정성을 대신할 수는 없을 것이다. 그렇지만 전업맘이라 하더라도 엄마 혼자 육아를 감당하기에 역부족인 순간, 주위에서 힘을 보태면 육아의 질이 한결 향상될 수 있는 경우들이 분명히 있다. 나처럼 주위에서 아무런 육아 도움을 받을 수 없는 상황이거나, 몸이 안 좋거나, 빨리 일에 복귀해야 하는 등 아이들을 기관에 맡기지 않을 수 없는 사정이 있을 수 있다.

그러니 전업맘의 자녀라고 해서 보육기관의 도움을 받지 말아야 한다는 주장이 받아들이기 어렵다. 아이를 어린이집에 보낸다고 해서 마치 양육을 포기한, 소홀한 엄마라 판단하는 것은 더더욱 이해하기 힘들다. 전업맘도 양질의 보육 서비스를 누릴 수 있는 환경이 하루 빨리 만들어져야 한다.

## 어린이집 사고가 전업맘 때문이었을까?

2015년 초 어린이집 폭행 사건이 잇따라 드러나자 보건복지부 장관은 "전업맘들의 어린이집 이용을 줄이겠다"고 발표했다. 엉뚱하고도 황당한 논리였다. 그런데도 누군가에게는 이 논리가 매우 그럴싸해 보였는지, 우리나라 보육 정책의 주요 골자가 되어버리기까지 했다. 정부가 내놓은 '맞춤형 보육'은 결국 전업맘들의 어린이집 이용을 대폭 줄이겠다는 취지였다. 전업맘 자녀들은 12시간 종일반을 이용을 제한하고 6~8시간만 이용할 수 있게 하겠단다. 이렇게 하면 전업맘 자녀의 어린이집 이용이 20퍼센트 줄어 예산을 절약할 수 있다는 논리다.

이 논리가 얼마나 비현실적인지는 어린이집이 실제로 어떻게 운영되고 있는지를 살펴보면 어렵지 않게 알 수 있다. 일단 워킹맘인 나조차 어린이집에 아이를 12시간 맡기는 것은 꿈도 못 꿔봤다. 오전 7시 30분부터 오후 7시 30분까지 12시간을 꽉 채워 아이를 봐줄 수 있는 어린이집은 국공립 어린이집이나 일부 규모가 큰 어린이집뿐이다. 복직을 앞두고 국공립 어린이집에 자리가 나지 않아 여러 가정·민간 어린이집에 상담을 갔을 때에는 마치 정해진 대본이라도 있는 양 똑같은 설명을 들었다. 오전 10시 전후로 아이들이 등원을 한다는 것과 법적으로는 오후 7시 30분까지 운영을 해야 하지만 오후 3, 4시가 넘으면 아이들이 거의 남아 있지 않다는 말이었다. 그런 말을 듣고도 내 아이만 더 늦게까지 봐달라고 말할 용기는 나지 않았다. 우선 텅 빈 어린이집에 혼자 남아 있게 될 아이가 제일 걱정된다. 그리고 내가 보육교사라도 늦게까지 남아 있는 아이 한 명 때문에 매일 퇴근이 늦어지는 상황이 그리 달갑지 않을 것 같다. 해 뜨기 전 등원해 해 떨어질 때까지 내 아이 혼자만 남아 눈칫밥을 먹게 되지나 않을까 두렵기도 하다. 이런 상황에서 직장맘도 아닌 전업맘이 아이를 12시간씩 어린이집에 맡기는 경우가 과연 얼마나 많이 있을까. 결국 정부는 말도 안 되는 논리로 전업맘과 직장맘들의 편 가르기에 나선 것에 불과하다.

뿐만 아니라 만약 오후 4시 이전에 전업맘 자녀들이 우르르 하원하게 되면 내 아이처럼 워킹맘을 엄마로 둔 겨우 2~3명의 아이들만 눈치를 보며 어린이집에 남아 있게 된다는 문제도 생긴다. 그러면 나 같은 워킹맘들은 어쩔 수 없이 등하원도우미를 고용해 아이를 일찍 하원시킬 수밖에 없다.

너무 실망스러웠다. 사건의 본질을 전혀 파악하지 못한 채 마치 전업맘들이 우르르 아이를 어린이집에 맡기는 바람에 어린이집 폭행 사건이 발생했다는 식의 말도 안 되는 논리로 전업맘들을 몰아세운 것에 불과하지 않은가. 대체 정부의 그런 발상이 어디서 어떻게 나왔는지 도무지 이해할 수도, 이해하고 싶지도 않다.

### 문제의 본질은 믿을 수 있는 보육기관의 부족

어린이집 폭행 사건 문제의 본질은 믿고 맡길 수 있는 보육기관이 부족하다는 데 있다. 직장맘들이 안심하고 아이를 맡기고 일할 수 있는 국공립 어린이집과 직장 어린이집이 턱없이 부족한 것이 이 말도 안 되는 사건의 핵심인 것이다. 민간이나 가정 어린이집이라 하더라도 부모가 완전히 믿고 맡길 수 있는 기관이 되도록 제도가 확실히 마련되고, 또 그 제도가 제대로 지켜지도록 해야 한다. 보육기관들이 법정 보육시간을 무조건 지킬 수 있게 해야 한다. 그러려면 그 시간 동안 일을 할 수 있는 보육교사의 인력과 비용이 뒷받침되어야 한다. 화장실에도 못 가 방광염에 시달릴 정도로 바쁘게 아이들을 돌보면서 한 달에 겨우 100만 원 안팎의 돈을 받는 보육교사들에게 내 아이만 12시간 내내 붙잡고 있어 달라고 말할 수는 없지 않은가.

2014년 육아정책연구소의 '유치원·어린이집 운영 실태 비교 및 요구 분석' 보고서에 따르면 전체 어린이집 정원은 평균 58.8명, 교

어린이집 폭행 사건 문제의 본질은
믿고 맡길 수 있는 보육기관이 부족하다는 데 있다.

사 수는 7명으로 조사됐다. 그런데 국공립과 사회복지법인 어린이집의 교사는 7~9명이었고, 민간·가정어린이집은 4~6명의 비율이 가장 많았다. 교사의 90퍼센트가 담임교사를 맡고 있었다. 담임교사들은 평균 오전 9시 16분에 근무를 시작해 오후 6시 50분까지 일했다. 평균 근무시간이 9시간 34분이다. 이렇게 일하고 받는 평균 기본급은 147만 8,000원으로 국공립 어린이집 교사는 180만 1,000원이었지만 민간 어린이집 교사는 127만 원, 가정 어린이집 교사는 113만 8,000원을 받았다.[24] 일의 강도는 숫자로 표기할 수도 없다. 나는 내 자식 하나 먹이고 온종일 놀아주기도 버거울 때가 많은데, 저마다 특성이 다른 아이들 여럿을 먹이고 재우고 돌보는 일을 10시간 가까이 하는 보육교사들이 120만 원도 못 받는 것은 정말 잘못됐다고 생각한다. 보육교사들도 누군가의 엄마이고 직장인인데 더 많은 돈을 받고 더 좋은 환경에서 수월하게 일할 수 있어야 보육의 질 또한 높아질 것이다.

 보육교사는 어린아이들의 정서에까지 깊숙이 영향을 미치는 중요한 육아 전문가다. 이런 보육교사들의 수를 대폭 늘리고, 교대 근무도 하고, 더 적은 수의 아이들을 돌보며 몸과 마음이 가벼운 상태에서 일을 할 수 있도록 도와야 한다. 보육교사들이 교대 근무를 하며 야간이나 주말에도 보육이 이뤄질 수 있다면, 누구나 좋은 환경에서 전문가의 도움을 받으며 아이를 키워 갈 수 있다면 그것이야말로 진정한 의미의 맞춤형 보육이라 할 수 있을 것이다. 그래야 정부에서 그토록 외치는 '일과 가정의 양립'도 가능해질 것이다.

그런데 자꾸만 이렇게 전업맘과 직장맘 편 가르기에 열중하는 정부의 태도는 보육기관에 의존할 수밖에 없는 직장맘의 기대를 번번이 무너뜨린다. 또한 이는 전업맘이 양육의 질을 높이고 자기계발과 재취업을 위해 노력할 수 있는 기회 또한 박탈한다. 이처럼 모두에게 박탈감만을 안겨주는 현실을 보며 아직도 엄마와 아이, 전업맘과 직장맘 모두가 행복해질 수 있는 보육 환경을 만들어내기까지 가야 할 길이 너무나 먼 것을 절감한다.

## 엄마의 눈으로 본 저출산 대책

 불과 몇 년 전까지, 애를 셋은 낳겠다고 말하던 나였다. 세 자매 중 첫째로 자라다 보니 형제가 있는 것이 당연하게 여겨졌다. 막둥이를 키우며 부모님이 즐거워하시던 모습도 인상 깊게 남아 있었다. 나를 닮은 자녀가 많으면 많을수록 좋을 것 같고, 가족사진도 식구가 다섯이면 왠지 더욱 알차 보이는 것 같았다. 그런데 결혼을 하고 보니 일을 하면서 아이를 셋 낳는 것은 아무래도 무리인 것 같았다. 상황을 봐서 아이는 둘로 만족해야겠다고 생각했다. 이 역시 세상 물정 모르는 막연한 환상이었음을, 어쩌다 엄마가 되고 보니 알 수 있었다.

 2006년 대학에서 사회복지학을 복수 전공하던 즈음이다. 당시 대통령 직속 위원회가 만들어지고 저출산·고령화 대책이 나왔다. 당시 합계출산율은 1.12명이었다. 학생이었던 나는 이 문제에 큰 관심을 갖고 사회복지학을 복수 전공하기로 마음먹었다. 그리고 내가 엄마가 될 즈음에는 상황이 많이 달라질 것이고, 나 역시 아이를 셋은 낳아 저출산 극복에 이바지하겠다는 야무진 다짐까지 했다. 그게 벌써 10년이 됐다. 그러나 그 사이 상황은 크게 달라지지 않았다. 숫자는 1.21로 소수점 뒷자리 순서만 바뀌었다. 약 100조 원의 돈을 투자했는데도 좋아진 게 없다는 비판이 여당에서도 나왔다.

달라진 것은 나였다. 나는 엄마가 되었다. 책으로 배웠던 저출산 대책, 보육 정책들이 이제 한 줄 한 줄 피부에 와 닿는다. 하지만 정부의 대책에 영향을 받아 출산을 결정하거나 자녀 계획을 하지는 않았다. 10년 전 학생으로 지켜보던 때보다 더 가혹한 현실을 바라보며, 이제 아이 셋은커녕 하나를 겨우 키우면서도 과연 이 상태로 언제까지 회사를 계속 다닐 수 있을지 조마조마한 마음으로 외줄을 타는 처지가 됐다.

2015년 정부가 제3차 저출산·고령화 대책을 발표했다. 내가 무슨 전문가도 아니고 담당 분야를 깊이 취재한 기자도 아니니, 그냥 두 살배기 아이의 엄마로서 이 대책을 접했다. 이 대책을 열심히 만드신 분들에게는 죄송하지만 그 내용을 접하는 순간 일단 웃음이 터져 나왔다. 그리고 화가 났다. 억울했고 안타까웠고, 또 막막해졌다. 그래도 정부의 지원으로 조금이라도 상황이 달라질 수 있으리라 믿었던 작은 기대가 무너져 슬프기까지 했다. 도대체 왜 이런 감정들을 느꼈는지, 부모님의 도움을 하나도 받지 못하면서 맞벌이를 하는 직장맘으로서 간절하게 몇 가지만 말하고 싶다.

## 40만 6,000원으로 채울 수 없는 것

일단 다른 것은 다 제쳐두고 보육 부분에 대해서만 이야기해보자. 정부에서 무상보육을 실시하면서 양육수당을 주거나 어린이집 비용을 지원하고 있는데, 이는 당연히 도움이 된다. 단 몇 푼이라도 돈을 주는데 도움이 안 될 리 없다. 하지만 나는 어린이집 비용을 매달 40만 6,000원(만 0세 기준)이나 받으면서도 항상 부족함을 느꼈다. 40만 6,000원으로 어린이집에 보낼 수 있는 시간은 현실적으로 하루에 단 6시간뿐이기 때문이다.

정부에서는 2016년부터 맞춤형 보육을 실시한다면서 "종일반 위주의 어린이집 운영이 부모의 다양한 수요를 충족하기에 부족한 상황"이라고 했다. 하지만 이는 현실을 너무 모르고 하는 소리다. 앞서 이야기했듯이 어린이집의 다수를 차지하는 민간·가정 어린이집은 실제로 종일반이 아닌 반일반 위주로 운영이 되고 있는 경우가 많다. 그래서 대부분 오전 10시부터 오후 4시까지, 길어야 오전 9시에서 오후 5시 전후까지 어린이집에 아이를 맡길 수 있다.

결과적으로 아이가 오후 4~5시에 어린이집을 마친 후부터 부모가 퇴근할 때까지 아이를 돌봐줄 사람이 추가로 꼭 있어야 한다. 특히 나처럼 친정부모님이나 시부모님의 도움을 전혀 받지 못하는 경우에는 베이비시터가 반드시 필요하다. 일반적으로 베이비시터를 쓰려면 출퇴근형 160~180만 원, 입주형 200만 원 이상이 든다. 이 비용을 댈 수 없어서 어린이집에 6시간을 보내고 나머지 출퇴근 시간을 합쳐 6~7시간은 등하원도우미 겸 베이비시터로 구한 아주머니에게 부탁한다. 아이를 '잘' 봐주는 사람을 구하기가 워낙 하늘의 별따기이기 때문에 시급 1만 원 안팎을 쳐서 월 100만 원대 급여를 드린다. 때마다 선물도 하고 과일이나 명절 떡값 정도도 챙긴다. 이러한 소소한 비용은 제외하더라도 내가 일을 하기 위해 아이를 맡기는 비용만 벌써 월 150만 원에 달한다. 이렇게 많은 돈과 비용을 들이면서도 혹시 한 달에 두어 번 회식이 생기면 남편과 서로 시간을 조절하고 그래도 일정이 안 맞으면 이모님에게 아주 간곡히 사정을 해가며 1~2시간 아이를 더 봐달라고 부탁한다. 그래서 공휴일이나 샌드위치 휴일이 다가올 때는 가슴을 졸이게 된다. 달력의 빨간 숫자가 주중에 있으면 그리 달갑지 않다. 임시공휴일도 마찬가지다. 아이가 수족구에 걸렸을 때, 메르스가 유행했을 때에도 아이가 아픈 것보다도 어린이집을 못 보내게 되는 것을 걱정해야 하는 내 상황이 말할 수 없이 속상했다.

이렇게 살면서 월급의 절반 가까운 금액을 이모님께 드리고 나머지로 아이의 먹을 것을 구입하거나 생활비로 쓴다. 책이나 장난감은 주로 중고를 산다. 남편은 월급의 상당 부분을 아파트 전세 대출이자, 원금을 갚는 데 쓴다. 아이가 태어나면서 살기 시작한 서울 변두리의 아파트는 1년 사이 전세가가 1억 원이나 올랐다. 결혼할 때는 당연히 부모님의 도움 없이 우리 힘으로 시작해야 한다고 생각했다. 맞벌이니 둘이 열심히 벌고 모으면 된다고 믿었다. 하지만 지금은 이미 출발선부터 뒤처졌다는 느낌을 지울 수가 없다. 그나마 우리 부부 둘 다 정규직으로 일하고 있으니 사정이 좀 더 나은 편일 것이다. 비정규직 등 불안한 일자리에 치솟는 집값, 높은 생활비를 감당해야 하는 상황이라면 더더욱 아이를 키우기 힘든 환경이다.

이런 상황에서 40만 6,000원은 매우 감사한 돈이다. 그런데 이 돈을 좀 제대로 쓸 수 있었으면 좋겠다. 근본적으로 믿고 아이를 맡길 수 있는 보육기관이 부족하다. 이를 위해 양질의 보육기관을 만들고, 보육교사의 수를 더욱 늘리고, 보육교사들의 처우를 대폭 개선해야 한다. 그런데 이 근본적인 문제를 해결하기 위해서는 돈이 많이 들고 그보다는 더 많은 시간과 복합적인 노력이 든다. 그러니 이 고질적인 문제가 잘 개선되지 않는 것 같다. 그러니 부디 보육 정책 입안자들은 당장에 얼마의 돈을 쥐어주는 것보다 더 중요한 것이 있음을 잊지 않았으면 좋겠다. 40만 6,000원을 안 받아도 좋으니 부모가 원하는 시간만큼, 정말로 믿고 의지하며 아이를 맡길 수 있는 보육기관이 있는 환경을 조금씩이라도 만들어갈 수 있으면 좋겠다.

### 보육에서 교육까지, 막막함은 계속된다

예전에는 직장 어린이집이 최선이라고 생각했다. 지금도 서울 광화문 인근 기업의 직장 어린이집에서 아이들 웃음소리가 들리면 그렇게 부러울 수가 없다. 하지만 어린이집을 만들기 위해 직원들의 수요를 조사해보면 정작 직장 어린이집을 이용하겠다는 의사가 적다고 한다. 이른 아침 출근 준비를 하면서 아이도 함께 준비시켜 시내까지 데리고 나오는 것부터가 간단치 않은 일이기 때문이다. 자가용를 이용한다면 그나마 좀 낫겠지만 그렇지 않은 엄마들은 매일 아이를 데리고 출근길 지옥철에 몸을 실어야 한다. 그러니 아쉬운 대로 부모님에게 아이를 밀어 넣고, 집에서 가까운 어린이집에 맡기는 게 나을 수도 있다.

게다가 규모가 큰 대기업이 아닌 이상 직장 내 어린이집 시설을 갖추는 것은 엄청난 부담이다. 시설만 있다고 되는 게 아니라 좋은 인력과 프로그램도 보장되어야 하니 말이다. 이처럼 한 회사의 힘으로 직장 어린이집을 설립하기 어렵다면 여러 회사들이 힘을 모아서, 아니면 정부에서 나서서 지역별, 권역별 직장 어린이집을 만들면 좋겠다. 회사들이 많이 모인 광화문에 직장 연합 어린이집, 신문사 연합 어린이집 같은 게 생기면 얼마나 좋을지 꿈꿔본다. 내가 일하는 곳 근처에서 아이가 지낼 수 있고, 일과 중 가끔씩이라도 아이를 들여다볼 수 있다면, 나처럼 의지할 데 없는 엄마는 아이와 함께 하는 출퇴근길 고통쯤이야 감수할 수 있을 것이다. 여기에 엄마 아빠의 근무시간이 좀 더 짧아진다면 아이들 또한 온종일 보육기관에서 생활하는 가엾은 처지에서 벗어날 수 있을 것이다.

그런데 아이가 자라 보육에서 교육으로 단계가 넘어가면 상황은 더욱 막막해진다. 어린이집을 마치고 유치원에 가는 시기부터는 정말 모든 게 돈이기 때문이다. 유치원은 오후 2시 안팎이면 끝난다. 그러니 이후 시간에도 아이를 더 맡기기 위해서는 보충수업이나 특별활동 등을 선택해 추가 비용을 부담해야 한다. 누리과정 예산을 통해 유치원 비용으로 정부에서 20여만 원 정도를 지원받을 수 있지만, 학부모가 별도로 30~40만 원의 돈을 더 내야 하는 게 현실이다. 그나마 유치원에 들어가는 것부터 기적이다. '좋은' 유치원에 들어가는 것은 국공립 어린이집에 들어가는 것만큼이나 힘들기 때문이다. 매년 뉴스를 보면 온 가족이 총동원돼 유치원 추첨을 하고 마치 로또에 당첨되듯이 유치원에 뽑히는 장면들이 나온다. 하지만 이 유치원 대란에도 실상은 별로 달라지는 것이 없다. 일찌감치 포기하고 아예 초등학교 입학 전까지 어린이집에 보낼 작정을 하는 것이 속편할까 싶다.

아이가 초등학교에 들어가면 말귀도 다 알아듣고 스스로 할 수 있는 일도 많아지겠지만, 그래도 혼자 두는 것은 여전히 불안한 세상이다. 학교 수업이 오후 12~1시에 끝나면 그때부터는 아이를 돌봄 교실에 보냈다가 학원 뺑뺑이를 돌려야 한다. 그러면서도 아이를 챙겨줄 이모님이라는 존재는 계속해서 10년 가까이 필요할 테고, 계속 월급의 일부를 남에게 떼어주면서 아이를 키워야 한다는 말이다. 아직 두 돌도 안 된 아기의 얼굴을 보며 나는 10년 안에 벌어질 이런 상황들이 벌써부터 미안하기만 하다.

가장 황당했던 것은 정부의 저출산 대책을 비판하면서 내놓은 여당의 아이디어다. "생각의 틀을 바꿔버리자"며 뭔가 그럴 듯한 제안을 할 것처럼 하더니 대뜸 학제를 개편하잔다. 아이들 입학 연령을 낮춰서 입직(入職) 연령을 앞당기자는 거다. 초등학교 1학년, 만 6세라 하더라도 아직 여러 모로 손길이 많이 가는 시기다. 선생님에게 화장실에 가겠다는 말도 못하고 참다가 긴장하면 바지에 오줌을 싸기도 하고, 돈 개념도 없어서 용돈을 쥐여주기도 조심스럽다. 그런데 만 5세를 초등학교에 보내라고? 가뜩이나 치열한 경쟁에 치여가며 힘들게 공부를 하며 자라야 하는 아이들이다. 정말 별의별 일들이 다 일어나고 있는 이 험난한 세상에 과연 1, 2년 더 빨리 뛰어들어, 더 빨리 경쟁해서, 어떻게든 결혼하고 애를 낳고 사는 것이 해법이라니, 화가 난다.

한편 아이가 일찍 학교에 들어가면 엄마의 취업률도 더 높아질 것이라는 말도 있었다. 학교마다 방과후교실이나 돌봄교실 등의 프로그램이 있지만 그래봐야 아이가 머물 수 있는 시간은 오후 5시까지다. 지역 아동돌봄센터든 학원이든 아무튼 계속 아이를 어디론가 보내야 하는 것이다. 그러지 않고서는 부모가 파트타임으로 일하는 수밖에 없다.

현실을 전혀 반영하지 못하는 보육 정책을 보며 괴리감마저 들었다. 아, 모두가 나처럼 아이를 힘들게 키우는 게 아니었구나. 일하느라 아이를 단 1시간도 맡길 데가 없어서 발을 동동 굴러본 사람이

나밖에 없었구나. 다들 주변의 도움을 받으며 편하게 아이를 잘 키워서 이런 물정 모르는 소리는 하는 것일까. 그냥 허무했다.

# 10년 뒤, 30년 뒤에는 달라져 있을까?

 보육 문제를 통틀어 가장 바뀌어야 할, 아주 근본적인 문제 중 하나는 부모의 근무시간이다. 현재 우리나라 부모들의 근무시간은 너무 길다. 아빠의 양육 참여를 위해 '아빠의 달' 인센티브를 1개월에서 3개월로 늘리고 아빠들도 육아휴직을 이용할 수 있도록 장려한다는데, 사실 이런 제도는 별 실효성이 없다.
 그보다는 일에 대한 사회 전반의 인식과 분위기를 개선하지 않으면 안 된다. 오후 6~7시에 집에 도착할 수 있는 퇴근 시간을 가진 직장이라면 하원도우미를 고용하지 않아도 된다. 나처럼 어린아이를 키우는 엄마가 어린이집이 끝나는 시간에 맞춰 일을 마칠 수 있게 해주면 월 100만 원 이상의 추가 비용을 들일 필요가 없을 것이다. 따라서 국가가 할 일은 일하는 부모에게 돈 몇십만 원을 더 쥐어주는 것이 아닌, 근무시간이 길어야 일을 열심히, 더 잘하는 것으로 여기는 사회적 분위기를 바꿔나가는 것이다.

근무시간도 긴데, 아이를 봐주는 곳도 없다. 남편과 아내, 두 사람의 힘만으로는 도저히 아이를 키울 수 없고, 친정이든 시댁이든 부모님 혹은 타인의 도움을 반드시 받아야 한다. 이런 상황에서 아이를 더 낳을 생각을 하는 게 오히려 이상한 일 아닐까?

칼럼 '독박육아일기'를 연재하며 정부 인사들이 주최하는 저출산 대책 간담회에 초청받은 적이 있다. 처음에는 그곳에서 내가 경험한 현실을, 왜 젊은 사람들이 애를 안 낳는지, 애를 하나 낳으면 어떤 일들을 겪어야 하는지를 말하고 싶었다. 또한 그 과정에서 아주 작은 부분이나마 현 제도의 잘못된 부분을 개선하는 데 도움이 될 수 있지 않을까 기대했다.

그런데 간담회에 함께한 관료, 교수, 학자 등 전문가들 사이에서 지금 아이를 키우고 있는 엄마로서의 내 목소리는 별로 의미 있게 받아들여지지 않았다. 다만 왜 오랜 시간 정부의 보육 정책이 이렇게 답답한 방향으로 흘러오고 있는지 어렴풋이 느낄 수 있을 뿐이었다.

일단 저출산 문제의 근본 원인에 대한 인식이 달랐다. 아이를 낳지 않는 가장 큰 이유는 우리 사회가 아이 키우는 데 척박한 환경이기 때문이다. 아이를 낳고 일을 쉬었다가 다시 복귀할 수 있는 안정적인 일자리를 얻기가 어렵고, 아이를 키우면서 일을 계속하기에도 녹록치 않은 환경인 것이다. 이는 단순히 돈 문제를 넘어 양육에 있어 국가적·사회적 제도의 뒷받침이 충분히 이루어지고 있지 않는 것, 아이는 개인이 낳지만 그 아이를 키우는 데 대한 책임은 국가가 함께 진다는 믿음이 존재하지 않다는 데 문제가 있다.

하지만 다수의 전문가들은 생각이 달랐다. 그저 어떻게 하면 아이를 낳게 할까, 출산율 1.21명의 숫자를 어떻게 늘릴 수 있을까, 그들은 그것만 생각했다. 그리고 그러한 잘못된 문제 인식은 부모들에게 인센티브를 많이 주면 줄수록 출산율 역시 늘어날 것이라는, 황당한 논리로 이어졌다. 한두 사람의 의견이라면 그러려니 하겠지만 간담회에 참석한 대부분의 전문가들이 이에 생각을 같이하는 것을 보며 놀라움을 감출 수 없었다.

내게 발언 기회가 주어졌을 때 힘주어 말했다. 몇 푼의 돈이 중요한 것이 아니다, 아이를 안심하고 키울 수 있는 환경이 되어야 한다고 주장했다. 하지만 그 말이 별로 공감을 얻는 것 같지는 않았다. 그들은 오히려 그동안의 정부 정책이 너무 '보육'에만 몰두한 나머지 돈을 지나치게 많이 지출한 것이 문제라고 진단했다. 그리고 그 많은 돈이 과연 제대로 쓰여졌는가에 대한 자성보다는 '이미 국공립 어린이집 수가 충분히 늘어났다'는 사실에 대한 만족으로 그쳤다. 1시간 반 남짓의 간담회가 대체로 그런 식이었다. 간담회에 참여하는 이들에게는 그 안에서 나눈 이야기들을 자세히 보도, 공론화하지 않아야 한다는 의무가 있다. 그러니 이 책에 보다 자세한 이야기는 실을 수 없는 데 대해 양해해주시기 바란다. 아무튼 나는 그 자리에서 그 어떤 희망도 발견할 수 없었다. 내가 지금 겪고 있는 것을 내 아이가 그대로 겪을지도 모른다는 불안감에 답답함만 커졌다. 내가 그 자리에 있다는 사실이 고통스러울 정도였다.

하루는 내 칼럼을 읽고 한 40대 독자가 메일을 보내왔다. 그 메일을 읽으며 나는 눈물을 쏟았다. "저보다 한참 어린 기자님의 삶이 저의 지난 삶과 너무 비슷해서, 세월이 이렇게 흘러도 일하는 엄마의 삶은 여전히 힘들고 예전의 상황과 하나도 달라지지 않았음에, 딸 가진 엄마로서 가슴이 미어지네요." 10년 뒤 나 역시 또 다른 직장맘 후배에게 이런 연민을 느끼지 않을 수 있을까? 그리고 30년 뒤, 내 딸이 엄마가 되는 날이 되었을 때는 어떨까? 내 눈물과 불안함이 그때는 좀 가셔 있을까? 안타깝고 슬프다.

## 4개국 엄마들의 독박육아

문득 궁금해졌다. 내가 혼자 아이를 키우며 느끼는 경험과 감정을 외국에 사는 다른 엄마들도 느끼고 있을까? 외국에서 아이를 키우는 것은 어떨까? 우리나라만 이렇게 혼자 아이 키우기 힘든 환경인 걸까, 아니면 우리나라 엄마들만 유독 힘들어하는 것일까? 잠들기 전 갑자기 떠오른 궁금증은 곧 '누구 물어볼 사람 없나?'로 이어졌다.

일단 가까운 친인척들이 떠올랐다. 사촌 언니들이 해외에서 국제결혼을 한 뒤 아이를 키우고 있다. 큰이모의 딸, 작은아버지의 딸, 고모의 딸이 그렇다. 모두 한국에서 학창 시절을 보냈고 성인이 된 뒤 해외로 떠났다. 형부들은 전부 외국인들이다. 미국과 일본, 호주. 살고 있는 나라도 제각각이다. 이런 조합을 어디 가서 또 찾을 수 있을까? 언니들에게 무턱대고 메시지를 보냈다. 그렇게 4개국 4명의 엄마들과 나눈 수다를 정리해본다.

| 등장인물 소개 |

**한국**(31세)

대한민국 서울 거주
남편 한국인
자녀 2014년생 여아
나

**일본**(41세)

일본 나가노 거주
남편 일본인
자녀 2008년생 남아
큰이모의 딸

**미국**(35세)

미국 캘리포니아
실리콘밸리 거주
남편 대만계 미국인
자녀 2014년생 여아
작은아버지의 딸

**호주**(33세)

호주 브리즈번 거주
남편 호주인
자녀 2015년생 남아
고모의 딸

**Q** 각 나라의 육아 환경이 어떤지 궁금하다. 그동안의 경험을 중심으로 각 나라의 보육 정책에 대해 이야기해보자.

**한국** : 임신을 하고 50만 원을 지원받았다. 신용카드를 발급받아 산부인과 진료비를 계산할 때 사용했다. 그러나 진료비가 비싼 편이라 출산하기도 전에 다 써버렸다. 아기를 낳으면서 직장은 쉬었다. 출산휴가와 육아휴직을 합쳐 1년 3개월 동안 휴직했다. 출산휴가일 때는 회사에서 기본급을 받았고 육아휴직 기간 중 6개월은 기본급의 70퍼센트를 노동부에서 지급받았다. 최소한의 생활비를 받을 수 있어서 좋았다. 그러나 돈을 받지 못하는 나머지 6개월은 부담이 많이 됐다(나머지 육아휴직 급여는 복직한 뒤에 받는다). 양육수당으로 매달 20만 원 나왔지만 턱없이 부족했다. 아기가 태어나면 정해진 시기에 필수 예방접종과 영유아 건강검진을 무료로 받을 수 있다. 그 외의 병원 진료는 모두 유료다. 아이가 어린이집에 다니기 시작하면서는 양육수당 대신 어린이집 비용인 보육료를 지원받았다. 만 0세의 경우 40만 6,000원이다.

**호주** : 호주에서는 각 가정의 수입에 따라 출산 이후 지원금(family benefit)이 나온다. 2주마다 300~400달러를 받았다. 경제적인 도움이 많이 된다. 출산 비용과 예방접종 비용도 모두 정부에서 지원한다. 나는 출산 후 1인실 병실에 입원했는데도 내 돈은 단돈 100원도 들지 않았다.

일본 : 일본에는 6~8주의 출산휴가가 정해져 있고, 출산 시 출산축하금을 받는다. 지역별로 금액은 차이가 난다. 우리 동네의 경우 첫째 자녀가 5만 엔, 둘째는 10만 엔, 셋째는 15만 엔, 넷째 이후는 20만 엔을 받는다. 출산 비용은 일시불로 정부에서 42만 엔 정도를 지급받는데 분만이 보험 처리가 안 되다 보니 거의 병원비로 쓰게 된다.

육아 수당은 아이 1명당 월 1만 엔이 지급되는데 2월, 6월, 10월마다 4개월치를 한꺼번에 받는다. 어린이집이나 유치원은 첫째 아이는 전액 개인이 부담을 해야 하고 둘째부터 할인을 받는다. 각 지역별로 부모 수입에 따라 보육기관 지원금이 나오기도 하고 차이가 있다. 한국처럼 필수 예방접종은 무료로 각 지역의 정해진 병원에서 받을 수 있다. 특히 일본에서는 의무교육 대상인 중학생까지 의료비를 모두 지원받을 수 있다. 병원이나 약국에 비용을 지불한 뒤 환급받는다.

미국 : 저소득층을 위한 지원은 꽤 있는 걸로 아는데, 나처럼 그냥 평범하게 직장 생활을 하며 아이를 키우는 사람들에게는 혜택이 많지 않다. 캘리포니아에서는 단기장애보험(Short-term Disability Insurance·SDI)이라고 하는 보험 프로그램이 있다. 매달 급여에서 1~2퍼센트 정도를 보험비로 냈다. 임신과 출산 관련 비용도 이 보험으로 처리했다. 보험금을 통해 출산 전 4주 동안과 출산 후 6주

동안 월급의 55퍼센트를 받았다. 하지만 금액이 적다 보니 그냥 아기를 낳기 바로 직전까지 일을 하는 경우가 많다.

다른 나라들은 예방접종을 무료로 해준다고? 여기는 아기들도 모두 개인 보험을 들어야 한다. 가장 저렴한 것을 찾아서 매달 300달러짜리 보험을 들었다. 예방접종을 하기 위해 정기 진료를 받을 때마다 20달러를 또 내야 한다. 아기가 생후 4일 만에 황달로 병원에 하루 입원했는데 병원비가 1,400달러나 나왔다.

아기가 돌이 지난 뒤부터 어린이집에 보내고 있다. 일주일에 사흘만 보내고 있는데도 한 달에 1,700달러를 낸다. 어린이집에 나흘 이상 보낼 경우에는 2,200달러가 든다.

## Q 육아와 일을 병행하기에는 어떤 환경인가?

**호주** : 중소기업에서 일하는 친구를 보니 회사에서 출산 3개월 전부터 1년 동안 육아휴직을 사용할 수 있었고, 휴직 기간을 포함해 18주 동안 정부지원금을 월 90만 원씩 받았다고 한다. 월급만큼은 아니었지만 그래도 많은 부담을 덜었다고 한다. 어린이집 비용도 절반을 지원받는다. 다만 어린이집 비용 자체가 비싼 편이다. 하루에 70~80달러, 어떤 곳은 100달러가 넘기도 한다.

**미국** : 12주 동안 육아휴직을 하며 월급의 55퍼센트만 받아 생활하

기가 매우 빠듯했다. 이후 복직을 해야 했는데 모유수유를 하던 아기가 젖병을 완강히 거부하는 바람에 풀타임 근무가 어려운 상황이 돼버렸다. 다행히 전 회사에서 재택근무 제안을 받았고, 이같은 상황을 다니고 있던 회사에도 알려 두 회사의 일을 파트타임으로, 집에서 할 수 있게 되었다.

그러나 아기를 데리고 재택근무를 하는 것이 하늘의 별 따기보다 힘들었다. 시어머니가 평일에 와서 아기를 봐주셨지만 도저히 일에 집중할 수 없었다. 아기에게 젖을 먹이고 기저귀를 가는 것부터 집안일까지 모두 해야 하니 도저히 일을 할 틈이 없었다. 아기가 밤 10시쯤 잠들면 그때부터 일을 했다. 그러면서 밤중 수유도 해야 해서 거의 매일 밤을 꼴딱 새다시피 했다. 아기가 6개월 이후 성장속도가 더뎠는데 그게 내가 잠을 못 자서 모유의 질이 떨어졌기 때문은 아닌지 엄청나게 자책이 되었다. 결국 아기가 11개월 됐을 때 한 회사의 일을 그만뒀다. 수입은 줄었지만 일단 살고 봐야겠다는 절박함이 더 컸다.

일본 : 친정은 한국에 있고 시어머니는 연세도 많고 멀리 떨어져 있어서 아이를 맡길 곳이 아무 데도 없었다. 아이가 유치원을 마치는 시간까지 퇴근을 해야 하고 공휴일이나 주말에도 무조건 쉬어야 하는 상황인데, 정규직으로는 그런 조건에 맞는 일자리를 찾기 어려웠다. 도쿄 같은 대도시라면 베이비시터를 구할 수도 있겠지만, 내

가 사는 지역은 그러기가 쉽지 않았다. 일하는 여성들의 경우 1~2년 정도 육아휴직이 가능하지만 주로 무급 휴직이거나 복직한 뒤에 일부를 환급받는 방식이라 아주 어린 아기들도 어린이집에 맡기고 일하러 나가는 엄마들이 많다.

**Q 출산·육아에 있어
아빠 육아를 장려하는 정책은 뭐가 있나?**

한국 : 아기가 태어나자 남편이 회사에서 출산휴가를 사흘 얻었다. 운이 좋게 아기가 수요일에 태어나면서 수~금요일 그리고 토요일과 일요일까지 닷새를 쉬었다. 정부에서는 '아빠의 달'이라는 제도도 도입했고, 아빠들의 육아휴직 제도가 마련돼 있기는 하다. 그러나 실제로 많은 아빠들이 이 제도를 사용하는 데 주저한다. 육아휴직을 사용하는 것은 여전히 '간 큰' 일로 여겨지기 때문이다. 그래서 한국 남성의 육아휴직 비율은 전체 휴직자의 6.5퍼센트(2016년 1분기)에 불과하다.

미국 : 단기장애보험(SDI) 프로그램에 따른 6주의 휴가와 이후 6주의 육아휴직을 엄마와 아빠 모두가 이용할 수 있다. 이 육아휴직은 아기가 돌이 될 때까지 부모 둘 중 아무나 쓸 수 있다. 남편이 휴가를 내고 출산 직후 3주 동안 집에서 나를 도왔다. 이후엔 7주 동안 일주일에 2~3일만 일을 하며 육아를 함께했다.

호주 : 남편은 2주의 출산휴가를 쓸 수 있고, 그 기간에 급여도 전액 받을 수 있다. 그래서 산후조리 기간 동안 편안하게 남편과 함께할 수 있었다.

**Q 아빠들의 육아에 대한 생각과 실제 참여도는 어떤가?**

한국 : 점차 아빠 육아의 중요성에 대한 인식이 확산되고 있는 분위기다. 아이와 적극적으로 놀아주고 육아에도 참여해야 한다고 생각하는 아빠들이 늘어나고 있다. 하지만 일이 바쁘다 보니 아빠들이 실제로 육아에 참여하는 시간은 턱없이 적다.

(참고로 OECD의 '2015 삶의 질' 보고서에서 한국 어린이들이 부모와 함께하는 시간은 하루 48분으로 OECD 국가 중 가장 짧았다. 특히 한국 아빠가 아이와 함께하는 시간은 하루 6분으로 OECD 평균 47분에 크게 못 미쳤고, 아빠가 같이 놀아주거나 공부를 가르쳐주거나 책을 읽어주는 시간은 고작 3분에 불과해 일본의 하루 12분에도 미치지 못했다.)

호주 : 적극적으로 육아에 참여하고 아이들과 많은 시간을 보내는 것을 당연하게 여기는 아빠들이 대부분이다. 요리는 주로 내가 하고 남편은 빨래와 청소를 하는 식으로 집안일도 자연스럽게 분담이 돼있다.

미국 : 남편은 정신적으로는 70퍼센트, 실제로는 30퍼센트 정도 육아에 참여하는 듯하다. 회사가 집에서 멀다 보니 처음에는 남편이 아기가 깨어있는 것을 볼 시간조차 없었다. 아이가 자라면서 서서히 아이와 함께하는 시간을 늘리고 있다. 우리는 아기 이유식 재료 등 시시콜콜한 것까지 서로 의논하고 대화를 나눈다. 그래서 크게 부딪힌 일도 있다. 미국에서는 영아돌연사 때문에 부모와 아기가 함께 자는 것을 권장하지 않는다. 하지만 나는 한국에서 자랐고 한국 친구들이 아기와 같이 자는 것을 봐왔기 때문에 아기를 데리고 자고 싶었다. 반면 남편은 왜 아기를 위험한 상황에 놓이게 하냐며 극구 반대했다. 결국 따로 재웠는데, 아기는 절대로 혼자서는 자려하지 않았고 내내 울어대기만 했다. 한 사흘 정도 남편이 잠든 사이 눈치를 봐가며 내 옆에서 데리고 잤더니 아기가 아침까지 푹 잘 잤다. 그런데도 남편은 앞으로는 그러지 말라고 단호하게 지적하더라. 간만에 나도 잠을 잘 수 있어서 힘이 났는데 그 말이 얼마나 서럽고 화가 나던지.

일본 : 최근 들어 남성들도 육아를 돕고 실제로 육아휴직을 쓸 수도 있긴 하지만 여전히 일본 남성들은 일을 열심히 하는 것이 가정을 위하는 최선의 방법이라고 생각한다. 주말도 없이 일을 하는 경우가 많고 집에 있을 때에도 아이보다는 자신의 휴식을 더 중요하게 여긴다. 우리 남편이 생각하는 육아란, 엄마가 없을 때 아이를

몇 시간 돌봐주는 정도다. 그마저도 게임을 하거나 함께 텔레비전을 보는 것이 고작이다. 아이의 공부를 봐주고 잘못했을 때 훈육을 하는 것까지, 양육과 관련된 모든 게 엄마인 내 몫이다. 진정한 독박육아를 10년 가까이 하고 있다.

**Q 아이를 키우면서 가장 절실하게 필요했던 것은 뭔가?**

한국·일본·호주·미국 : 사람이다. 누군가의 '도움'이 절실하다.

일본 : 가뜩이나 모르는 것투성이인데 아무 때나 물어보고 도움을 청할 수 있는 곳이 없어 정말 혼자라는 생각이 들었다. 아이를 맡길 상황이 못 되니 일을 할 수도 없었다. 몸이 아플 때에도 혼자 아이를 돌보며 내 몸을 추슬러야 했기 때문에 평소보다 두 배 이상 힘들었다.

호주 : 산후조리 기간에 가족이나 친정엄마가 함께 머물면서 먹을 것부터 하나하나 챙겨줬다면 정말 좋았을 것 같다. 육아에 대해 아무것도 모르는 시기에 도움을 주는 사람이 없어서 애를 많이 먹었다. 남편이 많이 도와주긴 했지만 육아와 살림, 정서적인 보살핌까지 모두 채워주지는 못했다.

미국 : 한 친구는 "손발을 못 써도 좋으니 그냥 누구 하나라도 내 옆에 있어줬으면 좋겠다"고 하더라. 먹지도 못하고 화장실도 못 가면서 온종일 남편이 오기만을 기다리며 친구도 가족도 없는 외딴 곳에서 혼자 육아를 하는 과정이 사무치게 외롭고 힘들었다고 한다. 나 역시 같은 맥락에서 돈이 제일 필요했다. 돈이 있어야 일하는 시간을 줄여 집에서 아기를 더 돌볼 수 있고, 돈이 있어야 가사도우미를 고용해 여유를 가지며 아기에게 더 집중할 수 있을 테니 말이다. 내가 사는 동네에는 경제적으로 여유 있는 사람들이 많다 보니 대부분 일주일에 한두 번 가사도우미를 부르고 음식도 배달시켜 먹는다. 또 보모를 고용해 일주일 내내 함께 지내는 경우도 드물지 않다. 그런 엄마들은 잠도 충분히 자고 아기들과 놀 시간도 많아서 그런지 더 건강하고 기분도 좋아보인다. 심지어 아기들도 내 딸보다 더 건강하게 잘 크는 것처럼 보이기도 했다.

**Q** 육아 정보는 주로 어떻게 얻었나?

미국 : 자연주의 출산을 하기 위해 집에서 조산사의 도움을 받아 아기를 낳았는데 그 조산사가 돌보는 가족들이 3주에 한 번씩 모여 출산부터 육아 정보까지 두루 공유했다. 또 인근 대학 어린이 병원에서 진행하는 엄마와 아기 들을 위한 프로그램이 있다. 아기가 6주쯤 되었을 때 지푸라기라도 잡는 심정으로 모임에 찾아갔는데 또래 엄

마들과 고충을 나누며 서로 많은 위로가 되었다.

호주 : 퀸즐랜드 주에서는 출산 직후 '레드북'을 준다. 여기에는 출생 정보와 예방접종 스케줄 등 다양한 육아 정보들이 담겨 있다. 출산하면 병원에서 많은 지역 정보를 제공해준다. 무엇보다도 도서관에서 진행하는 육아 프로그램이나 공원의 유모차 모임 등 엄마들과 함께 소통하면서 많은 도움을 받았다.

일본 : 각 지역에서 무료로 육아 상담을 받을 수 있고 또해 엄마들끼리 정보를 공유하기도 한다. 하지만 일본은 개인주의가 강한 곳이라 '내 아이는 내가, 내 방식으로'라고 생각하는 사람들이 많다. 육아로 고민하는 엄마들은 많지만 어려움을 별로 내색하지 않는 일본인의 특성상 가까운 친구와도 고민을 잘 나누지 않는다. 문제가 생기면 주로 시청 상담사나 어린이집 선생님 등 전문가에게 도움을 받는 편이다.

## Q 육아 스트레스나 우울감은 어떻게 해소했나?

미국 : 엄마들과 이야기를 나누는 게 큰 도움이 됐다. 대학병원에서 열리는 엄마·아기 모임에 참여해 한 주 동안 있었던 좋았던 일과 나빴던 일을 1명씩 돌아가며 이야기했다. 그러면서 서로의 속마음

도 알게 되고 현재의 고충과 아기들의 발달 상황을 공유할 수 있어 좋았다. 어느 날 한 엄마가 자기는 사흘씩 샤워를 못한다고 털어놨다. 너무 피곤하고 바빠서 씻는 게 버겁다고 했다. 모임이 있던 그날은 머리에 하도 기름이 져서 베이비파우더를 머리에 뿌리고 왔단다. 그 엄마가 "그래서 오늘은 할머니처럼 머리가 하얘졌어요"라고 웃으면서 말하다가 갑자기 눈물을 쏟았다. 그 자리에 있던 우리도 모두 웃다가 함께 울었다. 그 상황에 너무나 공감했기 때문이다.

호주 : 산후우울증으로 많이 힘들었을 때 가족들과 주변 사람들이 적극적으로 나서서 상담 치료나 약물 치료를 받을 수 있게 도와주었다. 의사들도 내 고충을, 아주 사소한 것이라도 진지하게 귀담아들어주었다. 산후우울증은 엄마 개인의 문제만이 아닌 함께 해결해야 하는 문제라는 사회적 인식이 잘 되어 있다.

**Q** 임신·출산·육아에 있어 한국 엄마들과 외국 엄마들의 가장 큰 차이점은 뭘까?

일본·미국·호주 : 산후조리. 이 나라에서는 산후조리의 개념이 거의 없다. 한국의 산후조리원 같은 시설을 이용하기는커녕 출산 직후에도 평소와 다름없이 생활한다. 출산 후 바로 샤워를 하고 평소에 먹던 음식들을 그대로 먹는다. 몸을 따뜻하게 해야 한다는 생각도 없어서 찬 음식도 바로 먹는다.

**일본** : 출산 후 일주일 정도 병원에 입원하지만 산후조리원은 따로 없다. 각자 집에서 한 달 정도 외출하지 않고 지내는 경우가 많다. 일반적으로는 한 달 정도가 지나면 생후 1개월 검진을 받으러 병원에 간 뒤 남자아기는 31일째, 여자아기는 33일째 신사에 데리고 가 절하는 풍습이 있다.

또 한국과 달리 일본은 가족보다는 개인 중심적인 사회다. 따라서 아이를 엄마의 소유물로 생각하거나 과잉 보호하기보다는 아이를 엄마와 같은 한 인간 개체로 보고 객관적으로 대하는 성향이 강하다. 이곳 엄마들은 아이와 스킨십도 적게 하는 편이고, 특히 아버지와 자녀의 스킨십은 아주 드물다. 엄마들도 공공장소에서 아이들에게 애정 표현하는 경우가 아주 적다. 그래도 나는 아들에게 사랑한다는 말을 자주하고 스킨십을 많이 해주는 편인데, 밖에서 뽀뽀를 하거나 안아주려고 하면 아이가 부끄럽다며 하지 말라고 한다. 그래도 다른 일본 아이들에 비하면 우리 아이는 엄마에 대한 애정이 강한 것 같다.

**미국** : 미국 엄마들은 수면 교육을 많이 한다. 아주 일찍부터 아기를 따로 재운다. 신기하게도 미국 아기들도 거기에 잘 적응한다. 그래서인지 미국 아이들 대부분 독립심이 매우 강한 것 같다. 육아 모임에 가면 유일한 동양 아기인 우리 아이 혼자서만 유독 엄마에게 매달려 울고 잘 떨어지지 않으려고 한다. 아기 자체의 성향 때문인지

문화적 차이 때문인지는 잘 모르겠다.

또 미국 엄마들은 자신의 커리어나 행복 추구를 당연하게 여긴다. 모유수유를 하면서도 맥주나 와인을 마신 후 모유를 짜서 버리는 일도 많이 봤다. 아기를 맡기고 엄마들끼리만 저녁에 모여 식사를 하거나 주말 여행을 다니기도 한다. 나는 아직 그렇게 할 정도로 마음이 놓이지는 않고 나는 아기 옆에 있는 게 제일 행복하고 아기 몸에 좋은 것이 가장 좋은 것이라고 생각한다. 육아가 힘들고 지치기도 하지만 엄마와 아기와 꼭 붙어 있어야 한다는 생각이 강하다.

## Q 육아에 있어 각국의 공통점은 뭐가 있을까?

미국 : 아기를 사랑하는 마음은 어디든 다 같은 것 같다. 육아 모임을 하다 보면 동질감을 많이 느낀다. 시어머니와 갈등이 있는 것도 한국과 비슷하다. 스탠퍼드대학교 어린이 병원에 마련된 다양한 육아 관련 프로그램 가운데에는 조부모들을 위한 강의도 있다. 강의의 핵심은 조부모들에게 새로운 육아 방식을 알려줌과 동시에 "요즘은 당신들이 자식을 키울 때와는 많이 다르다. 그러니 결코 당신이 알고 있는 육아 정보가 전부라고 생각하지 말라"고 한다. 또 "이제 막 엄마가 된 사람은 아기와 함께 있어야 하니 '아기를 안아 주겠다'고 하지 말고 차라리 집안일을 도와주라"는 식의 조언도 한다. 그런 강의가 따로 개설된다는 것은 그만큼 할머니와 초보 엄마의

갈등이 흔하다는 얘기 아닐까.

호주 : 고부갈등 이야기가 나와서 말인데 여기서도 시어머니가 육아에 간섭하며 자신의 방식을 고집하는 것은 한국과 똑같다. 그리고 대놓고 말은 하지 않지만 은근히 아들을 선호하기도 한다.

일본 : 일본도 한국처럼 저출산이 사회 문제다. 아이 키우는 데 정부의 지원이 부족한 편이라 경제적인 부담이 크다. 이혼율도 높아지고 점점 아기를 낳지 않으려는 분위기다. (일본은 저출산 문제 해결을 위한 부서도 마련했고, 이를 전담하는 장관인 '1억 총활약담당상'도 있다. '1억 총활약담당상'이란 50년 뒤에도 일본이 1억 명의 인구를 유지할 수 있도록 현재 1.4퍼센트 수준의 합계출산율을 1.8퍼센트로 끌어올리라는 특명을 지닌 장관이다. 아베 신조 총리는 이 자리에 자신의 측근을 앉히기도 했다.)

## Q 아이와 엄마를 바라보는 사회적 분위기와 시선은 어떤가?

호주 : 아이를 데리고 외출하면 모두가 버스나 엘리베이터 안에서 자리를 내주거나 유모차가 지나갈 수 있도록 길을 비켜준다. 여성과 아이에 대한 배려심이 아주 높다. 아기를 낳기 전 아기 엄마가 공원에서 모유수유하는 것을 보고 놀란 적이 있다. 그런데 아무도

뭐라고 하지 않는다. 모유수유는 아름답고 자연스러운 과정이라고 생각하는 분위기다. 한편 아이들 안전에 대한 인식도 매우 높은 편이다. 한 지인은 아이를 카시트에 태우고 운전하다가 경찰에게 벌금을 물었다고 한다. 아이가 카시트에 잘 앉아 있기는 했지만 카시트 안전벨트의 헐렁임 정도와 어깨선 높이 등 카시트 착용 시 안전수칙을 정확히 따르지 않았기 때문이라고 한다.

미국 : 아기가 잘 울고 활동적이라 밖에 나가면 약간 피해를 끼치는 편이라고 생각하는데 지금까지 단 한 번도 누가 눈치를 주거나 비판하지 않았다. 오히려 아이가 울면 "도와줄 것은 없냐", "지금 얼마나 힘든지 안다"는 등의 위로가 되는 말을 건네준다. 전업주부나 전업남편들도 많아서 육아가 얼마나 힘든 일인지 다들 잘 알고 있다. "차라리 회사에서 일하는 게 쉽다"는 농담도 많이 한다. 전반적으로 아이 키우는 것에 대한 이해가 보편화되어 있다.

일본 : 유모차를 밀고 외출하면 사람들이 알아서 길을 내주고 배려한다. 대부분의 지하철역에 엘리베이터가 있어 이용이 편리하고, 엘리베이터가 없는 곳이나 계단 등에서는 직접 다가와 도와주겠다는 사람들이 꼭 있을 만큼 친절하다. 아기가 큰 소리로 울고 떼를 쓰는 일이 있었는데 누군가가 와서 괜찮냐고 물어줄 정도로 아이에 대한 배려심이 높다.

## 세월호 참사가 초보 엄마에게 가르쳐준 것

2014년 4월 16일 그 시각. 백일을 갓 넘긴 아기를 안고 거실 소파에 앉아 있었다. 밤새 아기와 씨름하느라 잠을 못 자 게슴츠레한 눈으로 멍하니 앉아 수유를 하고 있었다. 뉴스 속보 알림이 떴다. 바다에서 배가 침몰하고 있다는데 그게 어떤 상황인지 도무지 감이 잡히지 않았다. 구조 중이라 하니 '별일 아니겠지' 하고 생각했다. 아기가 잠든 오전 11시. 드디어 한숨 잘 수 있겠다는 생각에 아기를 안고 얼른 방에 들어가 누웠다. 그렇게 2시간 동안 단잠을 잤다.

 2년이 지난 지금까지 그 장면을 잊을 수가 없다. 얼마나 달게 낮잠을 잤는지 밤새 쌓인 피로가 다 풀린 것처럼 가뿐했다. '이것이 백일의 기적이구나' 하고 생각했다. 그런데 그 잠깐의 기쁨이 이렇게 오래 죄의식으로 남게 될 줄 미처 생각하지 못했다. 사고 소식을 접하고도 그저 별일 아니겠지 했던 나 자신이 잔인하게 느껴지기까지 했다. 내 자식 배불리 먹이면서 남의 아이들이 스러져가는 모습을 가만히 앉아서 생중계로 지켜봤다는 것이 생각지도 못했던 죄책감으로 남았다.

엄마가 되어서 맞닥뜨린 대형 참사는 단순한 슬픔의 차원이 아니었다. 그것은 엄청난 공포였다. 배 안에 있을 모두가 내 아이, 내 가족 같았다. 남의 일처럼 느껴지지 않았다. 내 아이가 수학여행을 가는 길에 배가 가라앉아 바다에 빠졌다. 부모가 실시간으로 현장을 목격했다. 그런데 해줄 수 있는 게 아무것도 없다. 절망 그 자체다.

설렘으로 가득 찼을 여행길이 순식간에 지옥이 되고, 엄마를 찾으며 두려움에 떨었을 아이들을 생각하니 가슴이 미어졌다. 시커먼 바다에 대고 이름을 불러 보는 것 외에는 달리 어쩔 도리가 없던 부모들의 마음을 생각하니 눈물이 멈추지 않았다. 부모들이 십시일반으로 배를 빌려 바다로 나가면서 아이들이 따뜻하게 돌아올 수 있도록 앞다퉈 배에 담요를 던지는 모습은 지금도 잊을 수가 없다. 아이를 구하기 위해 내 힘으로 뭔가를 할 수 있다는 희망이 담긴 유일한 순간이었을 것이다. 그마저도 이내 절망으로 바뀌었지만. 그런 부모들의 모습을 보며 몇 날 며칠을 울었다. 울음은 곧 분노가 되었다.

사건이 수습되는 과정을 보는 것 또한 무척 고통스러웠다. 아니, 엄밀히 말하면 지금까지 진상 규명조차 제대로 이뤄지지 않았으니 '수습'이라는 표현을 쓰는 것 자체가 무리일 수 있겠다. 갓 태어난 아기를 키우는 초보 엄마로서 지켜본 세월호 참사는 생후 106일 아기에게 앞으로 살아갈 이 세상이 얼마나 끔찍한지를, 우리 사회가 지닌 부조리의 민낯이 어떠한지를 그대로 보여주는 것 같았다. 이 세상은 부패와 무능의 총집합이었다. 처음부터 지금까지 어느 하나 정상적인 것이 없었다.

세월호 사건은 초보 엄마인 내게 이 세상에서 그 누구도 내 자식을 지켜주지 않는다는 가르침을 주는 것 같았다. "내가 '빽'이라도 있었으면, 이 아이들이 힘 있는 집 자녀들이었다면 저렇게 속수무책으로 당하고만 있었겠느냐"던 부모들의 절규가 너무 아팠다. 그 말은 내게도 해당되는 말이었다. 나는 내 아이를 무슨 힘으로 지킬 수 있을까? 막막하기만 하다.

정말 남의 일 같지 않았다. 희생된 아이들을 비롯해 모두에게 미안했다. 꽃을 피워보지도 못하고 저버리게 해서 미안했고, 또 한편으로는 내 아기에게 이런 세상밖에 보여줄 수 없다는 것이 너무나 부끄러웠다. 그래서 뭐라도 하고 싶었다. 비겁한 변명일 뿐이지만 내가 할 수 있는 일이 별로 없다는 것이 너무 답답했다. 아기가 너무 어려서 안산에 있는 분향소에도 한참 뒤늦게 찾아갔고, 매일 신문과 뉴스를 보며 혼자 눈물을 훔치는 게 다였다. 주말에 광화문에 나가 멀찌감치서 유가족들을 향해 기도를 하고 돌아오고 거기서 받아온 노란 리본을 기저귀 가방이나 유모차 등에 달고, 친구가 선물한 '잊지 않고 행동하겠다'는 문구가 적힌 문패를 현관에 붙여놓았다. 나도 함께 슬퍼하고 분노하고 있음을 표시하는, 그 정도뿐이었다. 일부 용기 있는 엄마들은 자발적으로 비용을 모아 동네 곳곳에 노란색 현수막을 달고 유가족들과 모임을 가지며 아픔을 공유하기도 했다. 아무튼 엄마인 우리가 할 수 있는 일이라고는 함께 감정을 나누는 것, 그뿐이었다. 그게 너무 미안했다.

**누가 감히 그만하라고 할 수 있나?**

그런데 언제부턴가 이러한 감정을 느끼는 것조차 허용이 안 되는 듯한 분위기가 생겼다. 참사가 일어난 것보다 더욱 공포스러운 일이다. 아이가 사고를 당하는 모습을 지켜보며 구해주지 못했는데 더 이상 슬퍼하지도 말라는 세상에 살고 있다는 것인가.

아기는 태어나는 그 순간부터 엄마의 모든 것이다. 눈짓 하나, 몸짓 하나에도 세상을 다 가진 것만큼 행복하다. 아기의 기침 한 번에도 가슴이 철렁, 눈물 한 방울에도 마음이 졸여진다. 부모에게 아기가 없는 세상이란 존재하지 않는다. 자식은 그냥 부모의 전부다.

세월호에는 그렇게 17년을 애지중지 키운 아이들이 있었다. 마지막 순간까지 휴대전화를 꾹꾹 누르며 "엄마, 사랑해"라는 메시지를 남겼던 아이들이었다. 누가 감히 그 부모들에게 "이제 그만하라"고 할 수 있을까. 그런데 사람들은 "이제 그만할 때도 됐다"고 마음대로 슬픔의 기한을 정해버렸다. 반년도 채 안 지나서부터다. 할 수 있는 게 그저 슬퍼하는 것밖에 없는데 그것도 하지 말라며, 자신의 전부를 황망하게 잃은 부모들에게 등을 돌렸다. "산 사람은 살아야

지"라는 말을 도대체 무슨 자격과 권리로 할 수 있을까. 수족을 잃은 것보다 더한 고통을 평생 안고 살아가야 하는 이들에게 어떻게 그만하라고 할 수 있냐는 말이다.

그들과 같은 하늘 아래에 살아가고 있는 아기 엄마로서 나는 혼자 화내고 우는 것 외에는 할 수 있는 일이 없어 안타까웠고, 미안했고, 괴로웠다. 편안히 앉아서 두 눈으로 사건을 지켜본 목격자라는 사실이, 내 아기에게 젖을 먹이며 다른 아이들의 최후를 보고 있었다는 사실이 지금까지 지워지지 않는 죄책감으로 남아 있다.

그런데 무언가를 할 수 있었고 할 수 있는 사람들은 지금까지 어떤 반성과 사과도 하지 않고 있다. 그저 자신의 잘못과 치부를 덮는 데에만 급급해 보였다. 자기들도 부모면서, 가족이면서 생때같은 자식들을 어이없게 잃어버린 부모들에게 그만하라고, 아이들에게 그랬던 것처럼 가만히 있으라고만 했다. 모든 것을 잃은 사람들에게 이성을 찾으라고 요구한다.

배 안에 있던 아이들을 단 1명도 구하지 못했으면서, 그런 나라로부터 희생자 가족들이 받는 것을 '특혜'라고 했다. 지켜주지 못한 내 자식들이 어떻게 사고를 당했고 왜 구조되지 못했는지 알고 싶다는데 그 앞에서 주판알을 먼저 튕겼다. 가까스로 살아남았지만 친구를 잃은 고통에 휩싸인 아이들을 위로하는 방법이 그저 대학 특례 입학이었다. 심지어 세월호 참사로 인해 경제 성장이 더뎌지고 있다며 호도했다. 탐욕, 결국은 돈 때문에 이 사달이 났는데 해결책이

랍시고 돈부터 들이미는 천박함에 몇 번이나 가슴을 쳤다. 소중한 아이들이 떠난 이 세상에서 그리고 우리 아이들의 앞날이 깜깜하기만 한 이 상황에서 돈 몇 푼이 다 무슨 소용이란 말인가. 우리는 너무 빨리 잊었고, 너무 빨리 물들었다.

언제부턴가는 인터넷에서 세월호 관련 기사가 올라오면 읽기가 겁이 난다. 사람들이 저마다 다른 생각을 갖는 것은 당연하지만 인간으로서 최소한의 도리마저도 저버린 것 같은 댓글들은 내게도 상처가 됐다. 심지어 세월호 참사에 대해 비교적 더 많은 울분을 느꼈던 엄마들 사이에서도 "돈이 많이 든다는데 인양을 꼭 해야 하나요?"라는 이야기가 돌 때면 힘이 쭉 빠졌다. 아직도 그 안에 9명이나 남아 있는데.

소중한 가족을 잃은 세월호 사건 유족들에게 손가락질을 하는 현상을 도저히 이해할 수 없다. 가족을 잃은 슬픔 앞에 어떻게 이념이나 정치적 성향을 우선할 수 있을까? 사건을 막지 못할 뿐만 아니라 제대로 수습조차 하지 못한 국가, 정치가 아닌 정쟁(政爭)만 일삼는 사회. 이런 세상에서 내 아이를 키워내야 한다는 것이 깜깜할 뿐이다.

## 아이를 키우며 기적을 빌어야 하는 세상

2014년 1월 1일생인 아기가 태어나 마주한 세상은 암담했다. 세월호 참사를 비롯해 수시로 등장하는 어린이집 사고와 끔찍한 아동

학대 살인(칠곡·울산 계모 학대 살인)이 벌어졌고, 학교에서는 가뜩이나 입시 스트레스에 왕따 문제도 심각한데 학교폭력 사건(진주 학교폭력 사망 사건) 그리고 대학에 갓 입학한 신입생들의 오리엔테이션 여행에서 일어난 사고까지(경주 마우나 리조트 사고). 그뿐인가. 지하철 2호선 추돌 사고, 판교 지하철 환풍구 추락 사고 등 사건 사고가 도처에서 일어났다.

과연 내 아이가 성인이 될 때까지 단 한 건의 사고도 겪지 않고, 아무런 사건에도 얽이지 않고 안전하게 자랄 수 있을까? 그것은 기적일 것 같다. 아이에게 아무것도 바라지 않고 그저 건강하게 아무런 사고 없이 자라주는 것만으로도 감사해야 하는 세상이다.

세월호 참사 2년. 국가의 안전 의식이 변화했느냐는 설문조사에서 여전히 10명 중 6명은 아니라고 답했다. 304명이나 희생되는 장면을 뜬 눈으로 지켜보았으면서도 아직까지 그 원인조차 제대로 파헤치지 않는 여전히 불안한 세상. 피해를 입은 사람들이 위로는커녕 비난을 받는 너무나 비정한 곳에서 나는 아기를 키워야 한다. 아무도 내 가족을 지켜주지 않는다는 두려움을 안고 하루하루 내 아이에게 운이 따르길, 기적이 함께하길 바라면서 말이다.

# 엄마들은 왜 찌라시를 퍼다 날랐나?

| 메르스가 유행했던 2015년 6월의 기록이다. |

드디어 올 것이 왔다. 지난 9일 옆 동네에서 메르스 확진 환자가 발생했다. 국내 첫 메르스 환자가 발병한 날부터 나는 줄곧 안일하고 이기적인 마음이었다. '설마 우리 동네까지는 오지 않겠지.' 그런데 바로 코앞까지 번졌다. 그래도 내 아이가 다니는 어린이집만은 제발 휴원을 하지 말아달라고 기도했다.

결국 이 지역 어린이집 대부분이 휴원을 결정했다. 그나마 우리 아이가 다니는 어린이집에서는 맞벌이 부모를 위해 당직 교사가 보육을 해준단다. 17개월 아기에게 마스크를 씌워 어린이집에 떠밀고 출근했다. 혹시나 아이가 혼자 등원하는 것이 아닐까 걱정했는데 다행히 같은 반 친구도 있었다. 휴원 첫날이라 눈치가 보여 이모님께 아이를 일찍 하원해달라고 부탁했다. 출근은 했지만 가시방석에 앉아 있는 기분이었다. 물론 휴가를 쓸 수도 있었지만 도무지 기한이 없는 이 비상사태에 발을 들이밀 용기가 부족했다. 일단 최대한 버텨보자. 눈치 없는 엄마를 자처했다.

치사율 40퍼센트라고 알려진 새로운 병(현재 국내 치사율은 10퍼센트 수준)이 우리나라에서도 발생했다는 소식은 그 자체만으로 공포였다. 공포는 3차 감염 환자들과 사망자가 나오기 시작하면서 극에 달했다. 2015년 6월 11일 오전 기준 확진 환자는 122명. 잘 전염되지 않는 병이라더니 확진 환자만 세계 2위를 차지했다. 중동 국가들 사이에서도 단연 돋보이는 기록이다. 그 가운데에는 출산을 앞둔 만삭 임신부도 있고 10대 고등학생도 있다. 사망자는 총 10명이 됐다. 불안감을 갖지 않는 것이 더 이상하다. 도대체 이렇게 되기까지 정부는 뭘 했던 건지 의구심이 든다. 지금까지 정부의 발표 내용은 '3차 감염은 없다. 지역사회 내 전파 가능성은 없다. 병원 내 감염 환자가 감소세다'는 등이 주를 이뤘다. 국민의 안전을 위한 발표인지 병원의 안전을 위한 발표인지 헷갈릴 정도였다.

반면 아이를 키우는 엄마들은 무척 기민하게 움직였다. 육아 커뮤니티 등에서 다른 지역의 어린이집 휴원 소식을 계속 접해왔던 터라 우리 동네 어린이집들은 그래도 꽤 오래 버텨주었다는 생각이 든다.

지난 5월부터 이미 2주 가까이 아이를 보육기관에 보내지 않는 엄마들이 상당수였다. 엄마들은 6월부터 시작되는 문화센터 여름학기 수업을 줄줄이 취소했다. 학교가 휴업하면서 학원은 물론 방문

학습지 수업도 중단했다. 엄마들은 생후 1년 미만 아기들의 필수 예방접종 일정까지 미뤘다. 그뿐인가. 일부 엄마들은 아기의 일생에 딱 한 번뿐인 돌잔치마저도 취소했다. 모든 게 이미 지난주에 벌어진 일이다. 이들이 유난스러워서, 호들갑을 떨어서라 그런 것일까.

엄마들뿐만이 아니다. 곳곳에서 정상적인 생활이 무너졌다. 메르스 자가 격리자는 3,800명을 돌파했다. 그러나 이는 메르스 의심환자 또는 환자 접촉자들에 한한 통계일 뿐, 숫자에 포함되지 않은 훨씬 더 많은 사람들이 자의반타의반 격리 중이다. 아이들이 유치원·학교를 가지 않으면서 지역 일대는 마비가 됐다. 아이들과 부모들은 외부와 철저히 단절됐다. 1~2주일치 장을 미리 봐놓고 기한도 없는 피난 생활을 하고 있다. 지인들은 인터넷이나 소셜커머스 등을 이용해 생필품을 구입한다는데 주문이 밀려 배달이 늦어지고 있다고 한다. 당장 급한 것을 사러 시장에 나가는 것도 위험을 무릅써야 하는 일이 돼버렸다. 아이가 아파도 정작 병원에 갈 수가 없다. 임신부들은 다니던 병원이 폐쇄되면서 출산을 앞두고 급히 산부인과를 옮겨야 할 판이다. 자영업자들도 손님이 뚝 끊겨 울상이다. 이럴 때마다 소비심리가 위축됐다, 경기가 나빠졌다는 등의 천박한 경제 논리가 등장하지만 이런 일을 자초한 것이 과연 누구인지 묻고 싶다.

### 메르스 사태는 인재

요즘처럼 화창한 날씨에 아이들을 데리고 놀이터에도 나가지 못하니 창살 없는 감옥이 따로 없다. 나가자고 보채는 아이를 달래는 것도 하루 이틀이다. 그나마 지난주까지는 집 앞 놀이터에 아이들 소리가 들렸는데 동네에 확진 환자가 나오고 나서부턴 놀이터에도 아이들의 발길이 뚝 끊겼다.

맞벌이 엄마는 평소에도 가뜩이나 미안한 마음 가득인데 메르스 사태로 죄책감을 더 늘었다. 다른 아이들은 전염병을 피해 엄마와 함께 집에 있는다는데, 우리 아이만 보육기관에 보내야 하는 심정, 이기적이고 무정한 엄마가 된 마음이 말할 수 없이 무겁다. 어린이집 선생님들도 자녀가 있고 그 아이들도 학교에 가지 않았을 텐데, 내 아이를 위해 선생님들을 출근하게 만들었으니 눈치도 없는, 짐짝 같은 엄마다. 여기저기 미안하다는 말만 연신 남겨놓고 나왔다. 사실 하루 이틀 연차야 낼 수도 있겠지만 지금까지 상황을 보니 정말 이 사태가 언제 끝날지 알 수가 없다.

메르스에 대한 두려움과 불편함이 이토록 커진 것은 처음부터 정보가 완전히 차단되었기 때문이다. 초반에 메르스 환자가 발생한 병원들만 제때 공개를 했더라면 이렇게 다들 집에 숨어 지내야 할 필요까지는 없었을 것이다. 정부는 지난 6월 5일에서야 첫 확진 환자가 발생한 평택성모병원을 공개했고(사람들은 이미 찌라시를 통해 다 알던 내용이다) 이틀 뒤 삼성서울병원에서도 환자가 나왔다고 밝

했다. 이 환자가 그 병원 응급실에 머문 건 5월 27일이다. 환자 이동 경로만 미리 알리고 사람들이 함께 대응할 수 있게 했더라면 이렇게까지 되진 않았을 텐데. 뒤늦은 상상만 해본다. 메르스 환자가 발생한 특정 지역과 병원이 명시된 찌라시가 엄마들 사이에서 전달된 것은 5월 28일이었다.

우리 지역 확진 환자도 병원 응급실에서 감염이 됐다. 그러나 메르스 환자와 함께 머물렀다는 사실을 몰랐기 때문에 자신이 메르스에 걸렸으리라고는 생각도 못하고 감기 증상이 심하다 여겨 동네 병원을 다녔다. 차도가 없자 서너 곳의 병원을 더 옮겨 다녔다. 한참 뒤 대학병원에 가서야 메르스 확진 판정을 받았다. 그가 다닌 병원은 모두 이 동네 아이들이 감기에 걸렸을 때 자주 다니던 곳이다. 내 아이가 다니는 소아과가 있는 병원도 잠정 폐쇄됐다. 접촉한 사람만 200여 명이 넘는다는데 동네 병원을 오가며 어떤 교통수단을 이용하고 그동안 얼마나 많은 사람들과 스쳤을지는 아무도 모른다. 우리 동네만의 문제가 아니라 이런 상황이 전국에서 일어나고 있다. 메르스 공포는 어느 누가 인위적으로 만들어낸 게 아니다. 누군가 말도 안 되는 유언비어를 퍼뜨려 엄마들이, 국민들이 이렇게 불안에 떨고 있는 게 아니다.

### 나와 아이의 안전을 지켜주지 못하는 국가

이 느낌, 2014년 세월호 사건 때 가졌던 그것과 너무 비슷하다. 또

또 한 번 절망을 느꼈다.
나와 가족의 안전을 지켜주는 것은 국가가 아니라
'나'라는 사실을 다시 한 번 확인했기 때문이다.

한 번 절망했다. 나와 가족의 안전을 지켜주는 것은 국가가 아니라 '나'라는 사실을 다시 한 번 확인했기 때문이다. 교과서에서 배운 대로라면 재난이 발생했을 때 우리가 의지하고 정보를 얻을 곳은 정부다. 그런데 현실은 그렇지 못했다. 국가는, 정부는 어떤 정보나 해결책도 속 시원히 전달해주지 못했다. 엄마들은 왜 알아서 병원 명이 담긴 찌라시를 퍼다 날랐을까? 그리고 왜 그걸 사실로 믿었을까? 혼자의 힘으로라도 아이를 지키기 위해서였다. 설사 사실이 아니라 할지라도 함께 조심하자는 취지였다. 찌라시 안에는 유언비어도 일부 포함돼 있었다. 하지만 상당수의 내용이 보건당국 발표보다 더 빠르고 정확했다. 정부가 불신의 대상이 되는 것은 당연했다.

국민이 이런 사고를 겪을 때, 나라 전체에 중대한 위기 상황이 닥쳤을 때 부디 정부는 이 일이 가장 먼저 자신의 자녀에게 생길 일이라고 생각했으면 좋겠다. 내 아이, 내 가족에게 일어난 일이라고만 생각했어도 지금 같은 대응책이 나올 수가 없을 것이다. 내 아이가 병에 걸릴 수도 있는데 그저 "심각하게 생각하지 말라"고 외치기만 할 수는 없을 것이다. 가족이 죽고 사는 문제 앞에서 감히 누구에게 극성을 부리지 말라고 할 수 있겠나. 이처럼 가장 기본이라 생각했던 것들이 지켜지지 않는 상황을 겪을 때마다 이 사회에서 살아나가야 할 아이들에게 죄책감을 갖게 된다. 부디 이 폭풍이 제발 잠잠해지기를, 너무 오래 이어가지 않기를, 그저 기도하는 마음으로 하루를 보낸다.

### 아이가 내게 준 선물

 피곤에 찌든 얼굴, 앞머리가 숭숭 빠져 휑한 이마, 아무렇게나 질끈 묶은 헝클어진 머리. 목이 다 늘어난 면 티셔츠와 무릎이 툭 튀어나온 파자마. 처진 가슴과 뱃살, 곳곳에 삐져나온 살들……. 육아는 정말 힘들고 그 육아의 한복판에 있는 나 역시 말할 수 없이 초라한 몰골이지만 그래도 이런 내 모습이 왠지 좋아 보여 흠칫 놀랄 때가 있다. 아이를 키우는 지금 이 순간이 내 인생 통틀어 가장 소중하고 빛나는 시간임을 알고 있기 때문이다.
 아기가 찾아오면서부터 나는 지금까지와는 차원이 다른 사랑에 푹 빠져버렸다. 출산한 지 닷새쯤 됐을까. 밥그릇 속 쌀밥 사이사이 박혀 있던 까만 흑미 쌀알 두 개와 눈이 마주쳤다. 방금 전까지 내가 안고 있었던 아기의 까만 눈동자 같았다. 권정생 선생의 동화 《강아지 똥》의 주인공처럼 눈만 새까만 아기 얼굴 같았다. 밥그릇을 한참 동안 빤히 들여다봤다. 내가 엄마가 됐음을, 아기를 사랑하게 됐음을 느끼는 순간이었다.

살이 갈라지고 피가 나 '악' 소리 나는 고통을 참으며 젖을 물렸을 때 나를 바라보던 아기의 눈동자, 오물오물하는 아기의 입을 보며 '내 새끼'라는 말이 나도 모르게, 저절로 입에 붙었다. 왜 남에게 욕을 할 때 '새끼'라는 단어를 쓰게 됐는지 이해할 수가 없었다. 이유식을 처음 먹이던 날, 온갖 정성을 들여 지은 밥을 먹으려고 새끼새처럼 입을 벌리는 모습에 마치 내 전부를 받아주는 듯한 뿌듯함마저 느꼈다. 아기가 웃기 시작하면서부터 구애는 더 활발해졌다. 어떻게 하면 한 번이라도 더 웃을까, 간지럽히고, 노래하고, 춤도 춰보고, 수시로 장난감도 쥐어줬다. 여행을 가도 기념품 하나 사지 않던 나였는데 주말 나들이로 공원에 갔을 때 매점에서 바람개비가 달린 풍선을 샀다. 4,000원짜리 작은 풍선을 사서 아기에게 가는 길이 연인에게 이벤트를 해주러 가는 것처럼 마냥 설레었다.

말을 갓 시작한 아이가 "엄마" 하고 불러주며 수시로 "사랑해"라며 있는 힘껏 나를 끌어안아준다. 검지손가락으로 자기 볼을 꾸욱 누르며 "이쁜 짓"을 하기도 하고 "빠~" 소리를 내며 뽀뽀도 해준다. 그 모든 시간이 즐겁고 감격스럽다. 아, 아기가 조금만 천천히 자라주면 좋겠다. 이 행복이 더 오래 지속될 수 있도록 말이다.

아기가 처음 뒤집고, 기고, 서고, 걷는, 모든 발달과정에서 인간이 이토록 신비롭고 경이로운 존재인지를 비로소 알게 되었다. 길을 가는 모든 아이들이 사랑스럽고 소중하게 느껴졌다. 그리고 그 아이들을 키워낸 엄마들, 우리를 키워낸 엄마들 모두가 존경스럽기만 하다.

극도의 고통과 외로움 속에서도 가끔은 내가 조울증에 걸린 건 아닌가 하고 걱정이 될 정도로 행복함을 주체할 수 없었다. 이런 내 상태에 대한 의심은 다행히(?) 한 연구 결과를 보면서 풀렸다. 여성의 뇌는 자신이 낳은 아기가 웃는 모습을 볼 때 도파민계 보상중추 즉, 마약 중독 시 활성화되는 부위가 자극된다는 것이다(미국 베일러 의과대학 인간신경영상 연구실, 2008년). 아이의 웃음을 '마약'에 비유하는 것이 적절하지 않지만 그만큼 아이의 웃음이 엄마에게 깊은 행복과 큰 기쁨을 주는 건 분명하다. 한편 정신과 전문의이자 탐독했던 책《엄마만 느끼는 육아감정》의 저자인 정우열 원장은 인터뷰에서 "아이와의 친밀감과 유대감으로 인해 엄마도 유아기적 의존 욕구가 충족되면서 서로 더 끈끈해지고 행복한 감정을 느끼는 것"이라고 설명했다. 아기가 온전히 엄마에게 의지할 때 동시에 엄마도 아기에게 의지를 하며 서로의 의존 욕구를 충족해나간다는 것이다. 또 아기를 통해 엄마의 인정 욕구가 채워지는 측면도 있다고 한다. 엄마들이 아이의 웃음을 통해 얻는 행복함이 에너지를 유발하고 계속해서 그것을 갈망하게 되는 일종의 '중독' 효과도 나온다는 설명이다.

그 시절 그렇게 잠도 못 자고 밥도 제대로 못 먹었으면서 왜 지금도 신생아를 보면 못 견디게 예뻐 보이는지. 우울해서 견딜 수 없다고 난리를 치던 때는 다 잊고 "그래도 육아는 정말 행복한 경험이야"라고 말하고 있는 나다. 출산을 할 때 몸이 두 동강 나는 듯한 아픔을 겪었으면서도 아기가 태어나는 순간 고통을 망각하는 것과 비슷한 이치일까. 이래서 엄마들이 앓는 소리를 하면서도 둘째, 셋째를 계속 낳는 것인지도 모르겠다.

**아이를 낳고 비로소 어른이 되었다**

이기적이고 철없던 내가 아이를 키우며 한 단계씩 성숙해지고 있는 느낌이 든다. 가끔 친구들에게 농담을 섞어 "새로운 자아를 발견하거나 인내심을 기르고 싶다면, 한마디로 '도(道)'를 닦고 싶으면 아이를 낳으라"고 말한다. 육아의 순간순간 나는 어떤 사람이었는지, 어린 시절 어떤 일들이 나를 이렇게 만들었는지, 아이를 통해 나를 발견하는 경험을 할 수 있었다. 정신과 전문의 정우열 원장이 "육아는 육아 당사자의 인격을 성장시키고 상처를 치유할 수 있는 기회"라고 한 의미를 이해할 수 있었다.

"아이를 낳아보면 어른이 된다"는 말을 실감했다. 엄마라는 존재 하나만 믿고 이 세상에 태어난 어린 생명을 먹이고 재우고 살찌우는 일을 하다 보니 진짜 책임감이 뭔지 알기 시작했다. 남들보다 뒤처질까 봐 전전긍긍하며, 아홉을 가졌어도 부족한 하나를 아쉬워하며 열등감에 찌들었던 나였는데 엄마가 되고 나니 이미 내가 가진 것을 돌아볼 수 있는 여유가 생겼다. 예쁜 아기가 있으니 웬만해서는 남부러울 게 없었다(친정엄마가 육아를 도와주고 있는 엄마들은 제외다). 아기가 잠든 사이 마시는 커피 한 잔에도 감사할 줄 알게 됐다. 아기띠에 안겨서 내 가슴팍 사이에 얼굴을 파묻고 잠든 아기의 따뜻한 체온에 '눈물 나게 행복함'을 느낄 수 있었다. 화려하게 돋보이며 사는 게 아닌 내가 사랑하는 가족들과 웃고 있는 순간이 진짜 행복이라는 걸 알게 됐다.

일을 하면서도 더 많은 활력을 느꼈다. 그저 내 만족을 위해 일하던 때와는 마음가짐부터 달라졌다. 내 아이가 자랑스러워하는 엄마가 되고 싶었다. 그러려면 내가 맡은 일에 최선을 다하고 의미 있는 성과를 내야 한다고 생각했다. 무엇보다 바르게 행동하는 사람이 돼야겠다고 다짐했다. 용기도 얻었다. 직업이 기자인데도 소심하고 쭈뼛거려 취재할 때 어려움이 있었는데 지금은 아이 얼굴을 생각하면 어떤 어려운 일도 다 해낼 수 있을 것 같다. 아이를 지킬 수 있는 일이라면 뭐든지 할 수 있을 것 같다. 아줌마가 되면 목소리가 괜히 커지는 게 아니었다.

칼럼 '독박육아일기'를 연재하며 육아에 대한 어려움을 구구절절 토로하다 보니 "그럴 거면 애를 왜 낳았냐"거나 "그렇게 힘들다면 절대로 아이를 낳지 않겠다"는 등의 극단적인 반응도 있었다. 하지만 육아란 결코 힘든 부분만 있지는 않다는 걸, 그래서 그 많은 힘

육아의 순간순간 나는 어떤 사람이었는지,
어린 시절 어떤 일들이 나를 이렇게 만들었는지,
아이를 통해 나를 발견하는 경험을 할 수 있었다.

듦과 고통을 감수하고서라도 아이를 낳아 키우는 경험은 큰 축복이자 선물이라는 것을 이야기하고 싶었다. 살면서 누군가를 이렇게 사랑해보는 경험, 또 누군가가 나만 바라보고 내게만 의지하며 사랑해주는 시기가 또 어디에 있겠는가. 아이의 손을 잡고 길을 다닐 수 있는 시절도 겨우 10년 안팎에 그칠 것이다. 그런 의미에서 지금 나는 가장 빛나는 시기를 보내고 있다. 그래서 독박육아일기는 결코 비관형이 아니다.

비록 머리털은 빠지고 뱃살은 처져버렸지만, 아이는 나를 더욱 멋진 사람으로 만들어주고 있다. 내가 아이를 키우는 동시에 아이도 나를 키우고 있다. 나 자신이 한층 풍요로워지고 있음을 매일 느낀다. 그리고 이 감정을, 이 경험을 더 많은 사람들이 느꼈으면 좋겠다고 생각한다. 거창하게 국가를 위해서라거나 경제 문제를 극복하기 위해서가 아니라, 이렇게 귀한 경험을 직접 누리고 체험할 수 있는 기회를 가져보는 것이 한 사람의 삶을 얼마나 충만하게 하는지 잘 알기에 출산과 육아를 권장하고 싶다. 함께 일하는 사람들이 나와 같은 행복한 감정을 갖고 서로를 대한다면, 길에서 부딪히는 사람들이 각자의 머릿속에 아이 얼굴을 떠올리며 기쁨을 느끼고 있다면, 얼마나 좋은 세상이 될까 상상해본다.

내가 느꼈던 사랑의 감정, 성장의 기회, 직접 육아에 참여해 그 짐을 나눠지지 않고서는 알 수 없는 이 순도 높은 행복을 보다 많은 사람들이 함께 나누고 느끼는 세상이 되었으면 좋겠다. 그리하여 우리의 아이들이 모두 행복하고 건강하게 성장해나가는 사회를 간절히 꿈꿔본다.

## 엄마가 되어 엄마를 생각한다

일주일에 한 번, 오후 출근이 있는 날은 아이를 어린이집에 직접 보낸다. 아침에 일어나 집에서 2시간 재택근무를 한 뒤 아이를 깨워 씻기고 밥을 먹이고 어린이집에 데려다주는 일이 여간 정신없는 게 아니다. 아이는 오히려 엄마인 나와 있을 때 제대로 된 아침밥을 먹지 못하는 날이 많다. 아침에 준비된 반찬도 없고 시간도 부족하면 맨밥을 치즈나 김에 싸서 아이 입에 넣어준다. 너무 미안했지만 그래도 빈속으로 보내는 것보단 낫겠지, 하면서 먹였다. 이런 내 마음을 아는지 모르는지, 아이는 맛있는 반찬을 차려줄 때보다 넙죽넙죽 잘 받아먹는다. 그리곤 말한다. "엄마, 고마워요." 갑자기 튀어나온 그 말에 울컥했다.

여전히 아이 키우기 힘들다며 울기도 하고 툴툴대지만, 도대체 내가 뭐라고 이렇게 예쁜 아이에게 아무 조건 없는 사랑을 받고 있는 것인가? 감격스러울 때가 더 많다. 아이가 말을 할 줄 알게 되니 이제 시도 때도 없이 "엄마, 사랑해요, 엄마 최고에요"라고도 하는데, 그 한마디 한마디에 마음이 뭉클해지곤 한다. 잠에서 깨면 제일 먼저 두리번거리며 엄마 얼굴을 확인하고, 엄마가 안 보이면 얼른 뛰어나와서 찾는 아이의 모습은 매일 아침 봐도 고맙다. 게슴츠레한 눈이 나를 발견하자마자 휘둥그레 커진다. 내가 정말 대단한 사람이 된 것 같은 착각이 든다.

나도 이랬을까. 아기를 품게 된 순간부터 지금까지 엄마를 생각하지 않은 적이 없다. 내가 엄마 배 속에 있었을 때 엄마도 이렇게 행복했을까. 엄마는 얼마나 조심스럽게 나를 품었을까. 나를 낳기 위해 얼마나 힘들었을까. 12시간 진통을 참아내며 엄마 얼굴을 떠올렸다. 혹시나 떨어뜨릴까 겁이 날 정도로 작은 신생아를 목욕시키면서 우리 엄마는 유독 작게 태어난 나를 안으며 어떤 마음이었을까 궁금하기도 했다. 돌이 될 때까지 잔병치레를 많이 하느라 병원을 제집 드나들듯 했던 나를 보며 그때 엄마는 얼마나 마음이 아팠을까. 내 아이에게서 누런 콧물이 뚝뚝 떨어질 때 나는 30년 전의 엄마 마음을 생각했다.

어린 나도 내 딸처럼, 엄마에게 "고마워요, 사랑해요"라는 말을 많이 했을까. 서툰 단어들을 종알거렸을 그 모습이 정작 내 기억에는 없다. 커서는 무뚝뚝한 성격 탓에 그런 말을 한 기억이 없고, 지금은 눈물이 날 것 같아 말하지 못한다. 오히려 아직까지 엄마에게서 고맙고 사랑한다는 말을 듣는다. 내 모든 처음을 함께했던 엄마는 "너는 내게 엄청난 기쁨이었다"고 말했다. 내 아이가 처음 나를 보고 웃어주고, 내가 처음 만들어준 쌀미음을 한 숟가락 입에 넣고, 처음 걸음을 떼고 "엄마"라고 불러준 모든 순간 느낀 이 기쁨을 우리 엄마도 느꼈을 것이다. "너는 처음이라 엄마가 서툴러서 항상 미안했다"는 엄마의 말은 두고두고 내가 딸에게 할 말이기도 하다.

아이와 함께하면서 내가 목표로 세운 것 중 하나는 '엄마 같은 엄마'가 되어주자는 것이다. 사실 자신은 없다. 30년 동안 엄마가 나를 키워냈던 시간이 마치 기적같이 느껴질 때도 많다. 나는 나이 서른이 넘어서도 엄마가 멀리 떨어져 있어 외롭다고, 엄마가 육아를 도와주지 않아 너무 힘들다고 원망하고 투정한다. 하지만 우리 엄마는 20대 중반에 나를 낳았고, 시집살이를 하며 우리 자매들을 키웠다. 내가 자라는 내내 엄마의 일과는 항상 내게 맞춰져 있었고, 늘 내 옆에 함께 계셨다. 나는 배 속에 아기 하나를 겨우 품어 키워내는 것도 힘에 부치는데 엄마는 10살 차이 나는 막둥이를 임신한 만삭 때까지 나와 동생을 데리고 박물관과 미술관을 다녔다. 집에는 중증 치매를 앓는 할머니까지 계셨다. 아이를 갖고 낳아보니 그때 엄마가 얼마나 힘들고 외로웠을지 이제야 아주 조금 와 닿아 마음이 아프다.

사춘기가 오고 친구들과 노는 시간이 더 즐거워졌을 무렵에도 엄

마는 항상 나만 바라보았다. 고등학교 3학년 수험생 시절, 엄마는 어디서 책상 방향을 바꾸면 좋다는 말을 듣고 내가 학교에 간 사이 내 방의 구조를 완전히 바꿔놓기도 했다. 시험기간이라 점심도 먹지 않고 일찍 집으로 돌아왔는데, 책상과 책장 모두가 반대 방향으로 옮겨져 있는 것을 보고 엄마에게 초능력이 있는 것은 아닌가 생각하기도 했다. 나는 지금도 겨우 2년 동안 쌓인 아이의 옷과 신발조차 제대로 정리하지 못해 모조리 모아두고만 있는데 말이다. 단추가 떨어졌을 때, 아이 옷의 얼룩이 지워지지 않을 때, 마트에서 사온 김치가 맛이 없을 때 엄마의 손길이 그립다. 엄마가 도대체 어떻게 그 모든 일을 '잘' 해냈는지 신기하기만 하다.

 든든한 조리원 동기는커녕 휴대전화도 없던 그 시절 우리 엄마는 어디서 그 많은 정보들을 얻고 친구를 사귀며 위안을 삼았을까? 어디서 사람들을 만나고 또 많은 정보를 얻어 나를 키우셨을까? 나와 동생이 학교에 간 시간 엄마는 텅 빈 거실에 앉아 무슨 생각을 하고 어떻게 외로움을 달랬을까? 그 시절 엄마도 지금의 나처럼 여전히 하고 싶은 게 많고 부러운 게 많은 보통의 여자였을 텐데, 그냥 평생을 엄마로만 살면서 모든 꿈과 희망을 아이들에게로 돌려버렸을 것을 생각하니 말할 수 없이 죄송하고 안쓰럽다.

 대학 수시 전형을 치르는 동안 수험번호에 '63'이라는 숫자가 있었는데 엄마는 내 행운을 빌며 지하철을 탈 때마다 '6-3' 칸만 이용했다고 한다. 논술 시험을 치르러 가는 날 꼬깃꼬깃한 무언가를 전해주었는데 내 탯줄이었다. 엄마 옷은 항상 매대에 놓여진 1~2만 원짜리를 집어 들면서 내가 신문사 면접을 본다고 하자 비싼 정장을 한 벌 사주셨다. 지금은 잘 맞지 않는 그 옷을 나는 매년 드라이클리닝해 옷장에 고이 모셔둔다.

엄마가 "어떻게 내게서 이런 딸이 나왔을까"라며 마냥 감사하다고 말할 때마다 나는 몸 둘 바를 모르겠다. 내 기억 속의 나는 살가운 딸이 아니기 때문이다. 엄마가 갑자기 쓰러져 응급실에 갔을 때에도 나는 친구와 함께 있었고, 몇 년 뒤 또 비슷한 일이 일어났을 때에는 회식을 하느라 얼굴이 발개진 채로 상황이 모두 끝난 뒤에야 나타났다. 엄마가 암 오진을 받고 며칠 동안 힘들어하던 때에도 나는 수습 생활을 하느라 경찰서에서 발만 동동 굴렀지 실제로는 엄마에게 아무런 힘도 되어주지 못했다. 지금도 겨우 아이의 입을 빌려 "할머니, 사랑해요", "할머니, 보고 싶어요"라고 대신 말하게 하는 수준이다.

아기를 낳고 해외에 있는 친정을 찾았을 때, 엄마가 "이제 여기가 별로 편하지 않을 거야"라고 하기에 그 말을 이해할 수 없어 서운했다. 그런데 정말 그곳에서 두 달을 머물며 반 정도는 빨리 집에 가고 싶다는 생각이었다. 엄마의 말대로 "친정이 더 이상 편하지 않은 순간"이 왔고, 나는 아기와 함께 얼른 내 집에 가고 싶었다.

몇 년 전까지 힘든 일이 생기면 안방에 들어가 엄마 냄새가 가득

한 이불을 푹 덮고 늘어지게 잠을 자는 걸로 기분을 풀었다. 그런데 이제는 엄마보다 남편에게 상처받은 마음을 위로받고, 아이의 살냄새를 맡으며 살아가는 의미를 찾는다. 아이를 낳기 전 몸이 크게 아팠을 때는 부모님이 많이 슬퍼하시겠다는 것 말고는 다른 걱정이 없어 이대로 세상을 떠나도 된다고 생각했다. 그런데 이제 나는 내 아이 때문에 건강을 챙긴다. 아이가 엄마 없이 자라는 것은 도저히 상상도 하기 싫을 만큼 끔찍해서다. 그렇게 나는 엄마의 품속에서 떨어져 나와 나만의 세상을 만들고 또 하나의 엄마가 되었다.

  지금 내게 다가온 엄마로서의 삶이 이제 겨우 시작에 불과하다는 것을 안다. 아이가 자라고 아이와 함께 '처음'을 경험하면서 나는 더욱더 엄마의 마음을 깊이 이해하며 가슴이 아플 것 같다. 도무지 어떻게 표현해야 할지, 또 어떻게 엄마의 마음을 달래줄 수 있을지 몰라 머뭇거리고 있다. 다만 부디 엄마가 내 아주 작고 소심한 "고마워요. 사랑해요"라는 말이라도 좀 더 많이 들어주시기를, 오래도록 나와 함께 내 딸의 모든 처음 또한 함께해주시기만을 바랄 뿐이다.

| 에필로그 |

# 늘 미안한 엄마가
# 평생 고마울 딸에게

두 돌이 지난 너는 아직도 밤마다 잠 때문에 씨름을 한다. 예민한 탓인지 아직도 새벽에 꼭 한두 번씩 깨서는 통곡을 한다. 깊은 잠에 빠져 있다가도 네 울음소리에는 신기하게 눈과 귀가 번쩍 뜨인다. 제발 자라, 자라, 다독여주다가 결국은 일어나서 안는다. 오늘도 새벽 5시에 또 눈을 떴다. "앵~" 하더니 나와 눈이 마주치자 "엄마 여기 있네" 하고 다시 눈을 감는다. 그런 네가 고맙다.

너를 처음 만난 순간부터 나는 항상 미안했다. 내가 좀 더 건강한 엄마였으면 좋았을 텐데, 내가 좀 더 준비된 엄마였으면 좋았을 텐데. 아는 게 없어 막막하고, 건강하지 못해 금방 지치고 피곤해했다. 혼자라는 핑계로 유독 더 힘들어하기도 했다. 네가 자라는 매일 매 순간 나는 버거웠다. 그래서 네게 좀 더 정성스럽고 살갑게 대해주지 못한 것이 늘 마음에 걸렸다. 쉽게 짜증을 냈고 울기도 많이 했다. 너는 내 이런 모습을 고스란히 지켜봤을 것이다. 그 사실이 참 마음 아프다.

늘 외롭다고 생각하며 나만 혼자라고 느꼈다. 캄캄한 새벽까지 밤새 널 안고 젖을 물리며 혼자 남겨지는 것이 두려웠다. 네가 점점 자라고 나를 향해 웃어주는데도 외롭다고 느꼈다. 아무도 만나지 못한 채 아직 말문도 트이지 않은 널 안고 온종일 멍하니 있으며 갖가지 생각을 했다. 어느 날 밤에는 내가 그만 이 세상에서 없어졌으면 좋겠다는 생각까지 했다.

그때 네가 보였다. 외로움에 사무쳐 내게는 아무도 없다고 좌절하던 순간에도 내 옆을 지켜준 건 바로 너였다. 너 때문에 힘들어서 울었지만, 넌 그보다 더 큰 기쁨을 내게 주었다. 서툴고 부족함투성이인 엄마인데, 이런 내게 모든 것을 맡기며 의지했다. 내가 소리를 지르고 울어도 나를 향해 웃어주었다. 부모님이 아닌 그 어떤 존재가 내게 이렇게 무조건적인 사랑을 보내줄 수 있을까? 그 누가 매 순간 오로지 나만 바라봐줄 수 있을까.

온종일 이렇게 많이, 크게 웃을 수 있는 것도 널 만난 뒤부터였다. 아기띠에 안긴 너와 눈 맞추며 길을 걸으면서도 항상 웃었다. "엄마가 좋아요", "엄마 사랑해요"라고 말하며 안기는 네 모습에 지친 내 마음이 힘을 얻었다. 말문이 일찍 트인 너는 어쩌면 이 엄마가 외롭고 심심할까 봐 빨리 입을 뗐는지도 모르겠다.

너를 키우는 과정에는 상상도 못할 만큼 힘들고 어려운 일들이 가득했지만, 그만큼 큰 기쁨 또한 느낄 수 있었다. 네 웃음에 마음이 살살 녹아내리고, 네 덕분에 세상을 더욱 넓게 바라보게 되었다. 더 나은 사람이 되고 싶어졌고, 내가 하는 일에 대한 책임감과 시야도 더욱 크고 깊어졌다.

이 부족한 엄마와 함께하면서도 너는 너무도 밝고 예쁘고 사랑스럽게 자라주고 있구나. 누구나 다 그렇듯 내 아이가 천재가 아닐까 의심이 될 정도로 똘똘하기까지 하다. 그런 너와 함께할 때면 나는 세상에 둘도 없는 큰 부자가 된 것 같고, 대단한 능력을 지닌 것 같은 착각이 들기도 한다. 맛있는 것을 먹어도, 예쁜 것을 보아도 네 생각뿐이다. 네 살 냄새가 밴 옷과 신발, 장난감들을 이미 한참 작아지고 못 쓰게 되었는데도 버리지 못하고 쌓아두고 있다. 얼룩덜룩하고 해진 내복을 보면 이 옷을 언제 처음 입었고, 어떤 일이 있었는지 새록새록 떠오른다. 모든 것을 기념하고 싶고, 모든 것을 네게 알려주고 싶다.

너를 키우면서 나는 뭐든지 당연한 것은 없다는 진리를 몸소 깨달았다. 지난 세월의 눈물과 고통이 있었기에 오늘의 행복과 감사함이 있다는 것을 깨닫게 되었다. 내가 세상에서 받은 가장 큰 선물이자 복덩이인 네 곁에서 엄마는 더 많은 시간을 함께하며 웃고 싶다. 부디 네 천진난만한 표정이 지금처럼 오래도록 이어지기를, 잠든 네 얼굴을 바라보며 기도한다. 가끔은 네가 커서 마주해야 할 치열한 경쟁, 위험한 일들을 생각하며 걱정과 불안감을 삼키기도 하고, 때로는 과연 아무런 상처도 받지 않고 무사히 성인이 되는 것이 기적같이 여겨질 만큼 막막하기도 하다. 하지만 이제 나는 엄마니까, 아이를 지켜주기 위해 온 힘을 다할 용기가 있다. 그 용기 또한 네가 만들어주었다. 내가 널 키우며 '육아(育兒)'를 하는 동안 너도 나를 키우는 '육아(育我)'를 했다.

너를 사랑하는 마음을 어떤 말로 다 표현할 수 있을까. 처음부터 지금까지 매 순간, 네가 내게 와줬음을 감사하며 살고 있다. 네가 내게 찾아온 날부터 그리고 우리가 만난 날부터 단 하루도 특별하지 않은 날이 없었다. 좋아서 깔깔거리고 웃으며 행복을 느낀 것도 특별했고, 힘들어서 울며불며 슬퍼했던 것 또한 특별했다.

엄마로서 그리고 인간으로서, 누군가를 사랑하는 법에 대해 제대로 알려준 사람은 바로 내 딸, 너였다. 엄마를 이렇게 키워준 네게 평생 고마운 마음을 가지며, 내 첫 사랑, 너를 위해 엄마도 힘을 낸다. 그리고 네가 살아갈 이 세상이 조금 더 행복하고 빛나는 곳이 되기를, 그래도 내가 살아온 세상보다 더 나은 세상을 네게 물려줄 수 있기를 나는 여전히 꿈꾼다.

| 주 |

1 고용노동부 발표(2015)
2 고용노동부(2015). 일·가정 양립 실태 조사
3 한국보건사회연구원(2012). 전국 출산력 및 가족 보건·복지 실태 조사. 김승권 외
4 한국보건사회연구원(2012). 전국 출산력 및 가족 보건·복지 실태 조사. 김승권 외
5 육아정책연구소(2012). 출산 수준 제고와 일·가정 양립을 위한 육아 지원 내실화 방안 - 가정 내 영아 양육 실태와 지원 방안 중심으로. 이정원 외
6 육아정책연구소(2012). 출산 수준 제고와 일·가정 양립을 위한 육아 지원 내실화 방안 - 가정 내 영아 양육 실태와 지원 방안 중심으로. 이정원 외
7 육아정책연구소(2012). 출산 수준 제고와 일·가정 양립을 위한 육아 지원 내실화 방안 - 가정 내 영아 양육 실태와 지원 방안 중심으로. 이정원 외
8 육아정책연구소(2013). 영유아 부모의 육아 정보 이용 실태 및 활용 지원 방안. 민정원 외
9 보건복지부. 육아정책연구소(2012). 2012년 전국 보육 실태 조사-가구 조사 보고. 서문희 외
10 통계청(2014). 2014년 상반기 지역별 고용 조사 경력 단절 여성 통계
11 한국여성정책연구원(2014). 취업모를 위한 육아 지원 정책의 과제와 전망. 유희정 선임연구위원

12 한국여성정책연구원(2014). 취업 여성의 직종 및 고용 형태에 따른 자녀 양육 지원 정책 연구. 유희정 외

13 통계청(2015). 2015 통계로 보는 여성의 삶

14 통계청(2014). 사회 조사

15 한국여성정책연구원(2014). 취업모를 위한 육아 지원 정책의 과제와 전망. 유희정 외

16 호윤정, 오영아, 이명선(2015). 보육 형태와 가사 노동 분담이 기혼 여성의 우울 수준에 미치는 영향. 대한보건연구 31권 2호. 77-87

17 육아정책연구소(2015). 영유아 스마트폰 노출 실태 및 보호 대책. 이정림

18 http://www.sciencemag.org/news/2014/05/parenting-rewires-male-brain

19 보건복지부(2015). 난임 진단 현황

20 한국보건사회연구원(2012). 전국 출산력 및 가족 보건 복지 실태 조사. 김승권 외

21 건강보험심사평가원(2013)

22 국민건강보험공단(2015). 2010~2014년 건강보험진료비 지급 자료 분석 결과. 윤영덕

23 육아정책연구소(2008). 한국아동패널 2008. 신나리 외

24 육아정책연구소(2014). 유치원·어린이집 운영 실태 비교 및 요구 분석. 김은설 외

## 독박육아
ⓒ허백윤, 2016

2016년 6월 7일 초판 1쇄 인쇄
2016년 6월 15일 초판 1쇄 발행

지은이 | 허백윤
발행인 | 이원주
책임편집 | 유화경
책임마케팅 | 문무현
발행처 | (주)시공사
출판등록 | 1989년 5월 10일(제3-248호)

주소 | 서울 서초구 사임당로 82(우편번호 06641)
전화 | 편집 (02)2046-2854 · 마케팅 (02)2046-2894
팩스 | 편집 · 마케팅 (02)588-1755
홈페이지 | www.sigongsa.com
ISBN 978-89-527-7634-1  13590

본서의 내용을 무단 복제하는 것은 저작권법에 의해 금지되어 있습니다.
파본이나 잘못된 책은 구입하신 서점에서 교환하여 드립니다.